AF220063

Impressum:

Autorin:

Helma Gerjets

Oldenburger Straße 11

26 835 Hesel

herbert.gerjets@ewetel.net

Bildrechte:

G & H Reepsholter Verlag

Björn Rippen

Lektorat:

Martin Feldkamp

Satz und   G & H Reepsholter Verlag

Gestaltung: Henning H. Hinrichs

Langstraßer Weg 8

26 446 Reepsholt

gundhreepsholterverlag@web.de

Herstellung und Verlag:

BOD - Books on Demand, Norderstedt

ISBN: 978 375 433 86 43

Helma
Gerjets

Van`t Eten un Drinken

Wat in dit Book steiht

6

Jägerschnitzel mit Pommes

Rieko un Fidi ween al ganz upgereegt. Ehr Deern Else harr güstern anropen un ankünnigt, dat se un hör Mann Günter up Teevisit komen wullen. Avends schull dat denn mit all Mann in en Kroog to eten gahn. Rieko harr hör Haar no 't baden extra up Reuters maakt. Se muß ja ok en beten schier utsehn. En Kook harr se ok noch gau backt. No en gemödelke Teenamiddaag gung dat denn los. Dat weer en nobel Weertshuus, waar se hen gungen. Se kregen ok glieks en Disch towesen. Dat düürde gaar nich lang, un de Ober leggde hör de Spieskaart hen.

De beid Ollen wussen gaarnich so recht, wat se sük woll to Eten utsöken schullen: „Ik hebb al lang kien Jägerschnitzel mit Pommes mehr hat. De bestell ik mi", see Fidi. Rieko harr en Rumpsteak up d` Kaart sehn. Dat weer ehr no d` Sinn. Hör Kinner harren sük datsülvig utsöcht.

De Kellner keem weer, nohm de Bestellung up un froog, wat se denn woll drinken wullen. Ruckzuck stunn ehr Drinken up d` Disch. Denn man Prost!

Rieko keek üm sük to. Daar seten Familien mit lütt Kinner, de up hör Eten luuren deen. Ganz Tied leep dat daar. Immer kemen d`r neei Lüü. De Kroog weer good besöcht. De Kellners lepen mit Eten un Drinken hen un her. De kemen ehr en beten vöör, as so Hahns ohn Köpp, kopplos.

8

Tomaal stunn d`r een bi hör an d` Disch un broch de Steaks för Else un Rieko. Dat seeg ganz mooi lecker ut. Dat düürde noch even un Günter kreeg sien Jägerschnitzel. Bloß Fidi harr noch nix. He kreeg bi lütten ok Smacht, at he all dat mooi Eten sehn dee.

Middags harr dat ok nich recht wat geven. Tweemaal an d` Dag warm Eten, dat muß ja ok nich ween. De Moors weer ja al breed genoog. De Dree harren hör Eten al meest up, as Fidi sien Jägerschnitzel keem. Bloß dat weer so nakend, daar fehlden ok noch de Pommes, un de ween hüm noch mit dat Wichtigst. Günter hett hen ween un nofraagt. De Pommes schullen in twee Minüten nokomen. Naja! Fidi is al maal anfangen to eten. De Pommes koomt ja glieks, dach he. Dat Schnitzel weer up, harr ganz good smucken, aver de Pommes ween immer noch nich daar. Nu bruukde he de ok nich mehr. Fidi överleggde: „Schull ik woll seggen dröven, dat ik de nich mehr hebben will? Ik harr de ja tosamen mit mien Schnitzel eten wullt".

He froog Günter: „Klaar natürelk. Dat Eten harr för uns Veer sowieso to d` sülvige Tied up d` Disch ween musst. Dat segg ik den Ober, wenn ik betahl!"

Bloß mit dat Betahlen weer dat so en Saak. Fidi un Rieko harren sük at Överraschung för de Kinner överleggt, dat se dat övernehmen wullen.

9

Nettso is dat denn ok komen. Günter hett sük beschwert un Fidi hett betahlt: twee Steaks mit Salat, een Jägerschnitzel mit Pommes un een ohn Pommes.

At se al upstahn un gahn wullen, keem de Weertsmann mit d` Sluckbuddel bi hör an d` Disch un geev een ut. He entschülligde sük un vertellde: „Mien Koch hett Hartsehr. Sien Ollske is mit en annern dörbrennt. Nu kriggt he in d` Köken nix mehr up d` Rieg, un mien Gasten un ok mien Kellners möten daar ünner lieden. De kriegt immer dat Gemecker af. Wenn dat hier glieks en beten ruhiger word, predig ik hüm eerst „das Wort zum Sonntag." So geiht dat ja nich wieder."

Nu harr Rieko mit ehr week Hart al bold wedder Mitleed mit hüm. Aver se see daarto nix.

Dat en verleevten Koch Eten versolten kunn, dat wuß se ja, man dat een mit Hartpien dat ok all dörnanner bringen kunn, dat harr se nich wußt. Doch ok ohn Fidi sien Pommes harren se en mojen Namiddag beleevt.

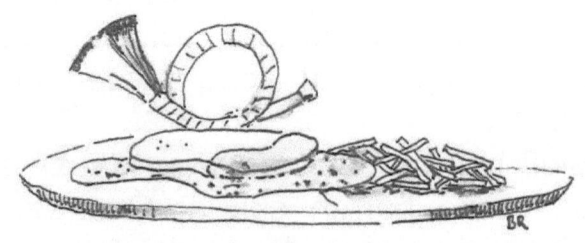

Papa maakt Pommes

Helga harr sük en „familienfreeien Dag" nohmen. Se weer mit hör Fründin na de Stadt fohrn to inkopen. Gerd harr se genau inwesen, wo he för de Twillings Anna un Tina un sük sülvst middags wat to eten maken kunn. Dat sull Pommes geven.

Se harr hüm vertellt, dat de Pommestuut boven in dat lesschapp leeg, un up dat Backblick weer ok al Backpapier. He wuss ok, dat de Backovend up 200 Grad inschalt worden muss. Helga mook sük kien Gedanken un freude sük up en mojen Dag. Gerd schull sük mit sien Deerns un Hund Flocki woll helpen.

Vörmiddags harrn de dree noch veel to doon. Se mussen noch Brennholt rin holen un den Kamin reinmaken. De Straat üm 't Huus to muss ok noch feegt worden. Sien Kinner hulpen aver düchtig mit. At de Glocken lüden deen, wurr dat nödig Tied, Middag to maken. Gerd harr sük genau murken, wat sien Froo hüm vertellt harr, un de Kinner mit hör Hund passden ok mit up. Üm ehr en beten aftolenken, kreeg he hör bi d` Disk decken. Tellers, Gabels un dat Wichtigst: Ketchup. He schoov de Pommes, de he graad ut Keller haalt harr, in d` Backovend.
Nu ween twintig Minüten Tied, dat he de

Kaminovend ansteken kunn.
Tina, Anna un Flocki ween in hör Kinnerstuuv verschwunnen, in de Köken düürde ehr dat to lang. Gerd leesde noch en paar Sieden in sien Oostfresenkrimi: „Mord in Greetsiel." Dat weer so spannend, dat he de Tied bold verpassen dee.

As so 'n lütt halv Stünn rüm weer, reep he de Deerns: „Pommes sünd klaar!"
So ganz langsaam kemen se üm de Eck. Aver wo seegt de beiden denn ut? Wat weer daar denn weer passeert?
De beiden kunn 'n ok doch kien twee Minüten ut Ogen laten. „Wat hebben Ji maakt?"
„Wi harrn doch so 'n Hunger un do hebbt wi al maal den nejen Ketchup, de Mama mitbrocht hett, probeert. Dat gung ganz mooi. Een hull de Mund open un de anner sprützde daar Ketchup rin; dat mook Spaaß un weer ganz lecker. Flocki hebbt wi wat up d` Grund geven, de snappde immer so."
Hör Gesicht un Klamotten weern ok mit insaut.
„Un waar is de Buddel nu?" „De liggt bi uns in 't Kleerschapp. Daar sünd wi rin kropen, daarmit du uns nich sehn kunnst un schellen deest." Naja, ehrelk ween se ja.
Gerd gung hen un bekeek sük de Budel. Flocki seet noch in dat Schapp un slickde de Ketchup van d` Döör af. All vull Ketchup! Nu mussen se ok noch dat Kleerschapp schummeln.

De Kinner harrn aver nix anners in hör Köpp as Pommes. „Papa, wennehr gifft dat denn nu ennelk Pommes." „Eerst wasken un ümtrecken un denn sett ji jo daar up dat Bedd hen un röhrt jo nich weer van de Stee. Anners kriegt ji wat vör d` Moors! Kinnergöder". „Wi hebbt aver doch so ´n groten Hunger." Gerd weer so in d` Brass, dat he daar gaar nich mehr an dacht harr. Denn man gau de Pommes up Disk un goden Appetit! Se probeerden de Pommes, aver wat weer dat?

Igitt, Harrijasses, de Kinner speeiden de Pommes quer över de Disk. Gerd kunn se ok nich dör d` Halslock kriegen, nich maal Flocki, de ´t anners all much, gung d`r bi.

„Papa, wat hest du uns denn backt?" froog Tina.

„Dat verstah ik ok nich", see Gerd bedröppelt un keek eerst up den Tuut. Dor stunn up van „Oldenburger Steckrüben in Streifen." Oh, wat nu? Se mussen doch Middageten hebben.

Gerd snappde sien Kinner un af gung dat nu no en Imbißbuud. Daar geev dat för Anna un Tina en groten Teller vull Spaghetti un satt Cola. Dat weer hör Lohn för all de „Swieneree."

Gerd bruukde no disse Upregung eerst en Kööm un en Glas Beer, daarna geev dat för hüm en halven Hahn. He weer vandaag klaar mit de Welt.

As Helga avends weer keem van hör Inkoopstour, harr se för all wat mitbrocht, un ok hör Familie harr en Dag mit vööl Beleevsels hat.

Tina, Anna un Flocki

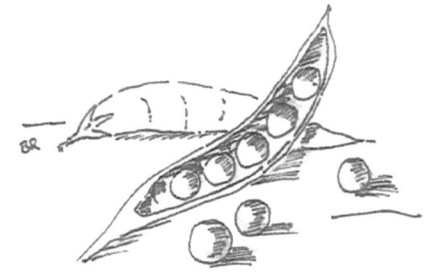

Bi uns in`t Nahberdörp gifft dat en Twillingspaar, de sünd woll eerst dree Johr old, aver freten al so veel ut, dat se mit Max un Moritz över d` Deel kunnen. Daar musst di bloß wunnern, wat de beid lütte Deerns mit ehr Hund Flocki allens so anstellt.

Vörig Week harr ehr Voder Gerd Handwarkers bestellt, de hüm helpen deen, de Upfohrt no d` Garaasch hen neei uttoplaastern.

Moder Helga kookde en groten Pott Arvtensopp. Denn de Jungs, de den ganzen Dag buten wuracken deen, mussen ja good wat to eten hebben.

De beid Lütten spelden in hör Kinnerstuuv mit Flocki, de leet sük van de beiden allens gefallen. Daar kunnen se richtig mit malljagen.

Üm elv Ühr reep Gerd no Helga: „Kumm even mit d` Buddel rut un schenk uns een in. So ´n lütten Elvührtje. Dat harrn de beid Kinner ok glieks mitkregen un luurden nu daarup, dat ehr Moder man rut gung. Flocki harr de Ohren ok al spitzt. Tina hull bi d` Flurdöör „Wache". Anna sleek sük mit de Hund in d` Köken rin un söchde, of se woll wat Leckers för sük, hör Süster un Flocki afstuven kunn. De Hund snüffelde glieks bi d` Ovend rüm. He harr al de Arvtensopp in d` Nöös. Anna funn aver nich recht wat to slickern. Se gung up d` Ovend an, kunn aver nich an den Soppenpott ran. Nu muss se eerst överleggen, of se daar för ehr lütten Hund woll wat ut d` Pott rutkriegen kunn. Up d` Kökendisch leeg en Fleeskgabel, de nohm se in d` Hand. Bloß wo nu an den Pott komen?

Anna överleggde, denn se weer för ehr Öller ja ok al `n beten wiesnösig un klever. De Backovendklapp keem open un se steeg dor mit ehr lüttjen Stiepkers van Been up. Nu kunn se al mit d` Nöös över d` Pottenrand kieken.

Mit den Fleeskgabel prökelde se so lang in de Arvtensopp, bit se wat uppiekt harr.

Swuppdiwupp floog den mojen Fleeskknoken över d` Pottenrand un klatsch midden in d` Köken up de Fliesen. Flocki wackelde al mit d` Steert un freude sük up de Leckeree. He slickde daar al wat ümto, aver de Braa weer noch to heet. Nu de Gavel weer up d` Disk, nix wi rut un af in d` Kinnerstuuv, denn hör Moder weer al in Anmarsk. As Helga weer dör de Döör keem, flitzde Flocki flink mit sien dicken Fleeskbraa an ehr vörbi no buten hen. He kunn sien Leckeree bold nich slepen.

Helga troo ehr egen Ogen nich. Wo kunn de Hund bloß an dat mooi Soppenfleesk komen ween? Se överleggde - sullen de Kinner villicht? Nee, of doch? Se keek in de Kinnerstuuv, aver de beid ween mooi mitnanner an ´t spelen. Aver wat weer dat? Anna ehr Ärmel weer ganz vull Arvtensopp. Tina meende: „ Mama, du musst aver nich mit uns schellen. Flocki harr doch so ´n Smacht, dat wi hüm unbedingt wat to Eten geven mussen.“

Se geev de beiden eerst maal Stuvenarrest, denn to schafutern harr Helga nu ok ganz kien Tied mehr, ehr Mannslüüd wullen wat up d` Teller hebben. Nu muß se „ümdisponieren“. Denn de Arvtensopp weer nu ja ohn Fleesk. Aver en Würstchen un Schokolaapudding daarno, dat muß van Nood recken.

Gerd reep sien Kinner. De harren aver no ehr Dünken ganz kien Hunger. Se harren doch woll en beten slecht Geweten. As Helga aver mit Schokolaapudding locken dee, seten Anna un Tina at Eersten bi de Disk un hauden düchtig rin. Flocki leet sük eerst tegen Avend weer sehn. He harr en goden Dag hat.

Gerd sien Tähn

As Gerd Maandagmoorn no de Arbeid gung, see sien Froo Helga to hüm: „Gerd, bring, wenn du nahst weerkummst, even en Pund Swartbrood van de Backer mit. Dit is dat lesde Stück. Denn bruuk ik mi nich eerst up d` Padd maken. Ik wull bi dit mooi Weer de ganz Dag in ´t Kruudtuun."

Bloß as he namiddags weer keem, harr he dat Pund Swartbrood totaal vergeten. „Ja", see Helga „denn kriggst du moorn bloß Stuut mit no d` Arbeid.

Aver du geihst ja noch hen to Boßeln, denn kannst du ja noch bi d` Backer lang gahn".

„Jo, jo, dat maak ik, ik denk daar an", see Gerd, un weg weer he.

No dat Boßeltraining geev dat noch en lütten Söpke ut d` Buddel, un de Mannlüüd vergeten ganz de Tied. As Gerd weer bi den Backerladen vörbi keem, weer de al lang dicht. Naja.

Helga reegde sük düchtig up: „Denn gifft dat moorn eben bloß Stuut mit no d` Arbeid, dat hest du nu aver sülvst schuld". „Jo, jo", grummelde Gerd: „Daar help ik mi denn woll mit". Se harr hüm woll up ´t verkehrt Been to faten kregen.

Annern Dag gung he mit sien Stückertask vull Stuut no de Arbeid up d` Boostee.

Tegen Middag muß he nochmaal no de Warkstee, üm Boomaterial to holen. Do keem he ok bi en

Slachterladen vörbi. He hull an un köffde sük en mooi groot frisk braden Kotelett, dat weer doch anners wat as sien dröög Stuut. Weer ja lachhaft, wenn he nich satt kriegen schull an dissen Daag. In de Middagspaus wull he sük dat lecker Swienflesk good smecken laten.

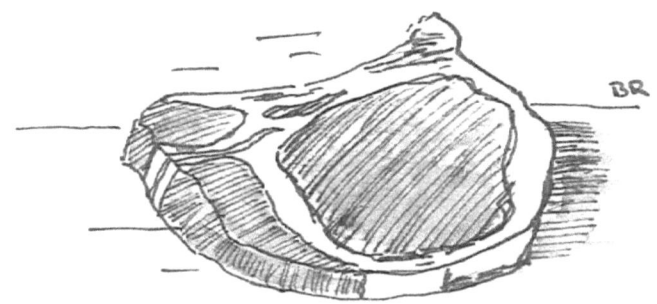

Bloß as he dat tweede maal afbieten dee, beet he genau up den harten Knaak un do knapperde dat ok al. Gerd verschruck sük düchtig. Kotelett bi Sied un rut mit dat Gebitt. Oh, nu weer hüm doch glatt een van sien mooi witte Tähnen afbroken.
He packde sien Task, reep van Tschüß un fohr gau no Huus.
As Helga de Geschicht mitkreeg, muß se eerst düchtig lachen: „Dat hest du sülvst schuld. Harrst du mi Brood mitbrocht, denn weer dat nich passeert". Gerd weer so in d` Brass, dat he sük eerst övergeven wull, denn muchen de Tähnen ja woll weer komen. He nohm en flacken Kumm un

settde sük buten up d` Bank, üm to spejen.

Helga packde intüsken sien Stückertask ut un ünnersöchde dat Kotelett, un wat seet daar tegen de Knaak? Genau, Gerd sien Tähn!

Se suusde no buten un reep Gerd to: „Holl man up to würgen, dien Tähn is hier".

Helga kookde hüm nu at eerst en Teller Tutensopp, denn se harr ja immer noch kien Brood. De kunn he ja ohn kauen wegslubbern. Üm twee Ühr reep se bi de Tähnendokter an un vertellde hüm de Saak.

De Dokter mook Gerd en Termin bi dat Dentallabor in Jever, daar muß he sük üm veer Ühr infinnen. De Kusenklempners bekeken sük sien Gebitt un kleevden daar en nejen Tähn in. No een Stünn harr Gerd sien Etzimmer weer up Stee un kunn weer tobieten. Nu muß he bloß noch fiefundartig Euro betohlen un de Fall weer erledigt. Sien eerst Tour no Huus hen gung bi den Backer lang un he köffde sekerheidshalver twee Pund Swartbrood.

Uns Adoptivkater

Urlaubs- un Ferientied is vör de meeste Lüüd de mooiste Tied in dat ganz Johr: ennelk utslapen un leuwamsen of Kuffers packen un up groot Reis gahn. Mennigeen hett daar noch so en Anhangsel, wat nich mit kann: en Deert. Bloß waar hen daarmit?

Dat is nu al veer Johr her, do streek bi uns so en geel-witten Katt dör den Tuun.
Sehn harr`n wi de anners noch nie. Waar keem de bloß her?
Ik hebb hüm eerst weg jaggt, denn bi mien Vögeltucht in Utloop wull ik kien Katt hebben. Wi harrn för enig Johren al dree Katten hatt un de weern all ünner ´t Auto komen, twee weern glieks dood un een mussen wi an d` Sied maken laten. Wi harr`n de Nöös vull.

En paar Daag later sleek se daar al wer rüm, nu aver al ´n ganz Enn magerder.
Sull de denn kien Tohuus mehr hebben?
Uns Nahberske meende: „De is hier bestimmt utsett worden, de hett seker kien Ünnerdack. Ik hebb körtens en Auto mit Wilhelmshovner Kennteken sehn, de bleev even kört stahn, smeet wat rut un fuhr denn flink weg. As ik daar hen keem, weer daar aver nix. Dat weer seker de

Pusskatt." „Jo", dat kunn ween!

Wi kunnen dat ok nich mit ansehn, dat de Katt so lieden muß un stellden hüm wat to freten hen. As he uns to sehn kreeg, naihde he ut. Aver dat düürde nich lang, daar seet de Katt bi d` Fretenspott un haude düchtig rin. En paar Daag later hebbt wi sien Kattenfoor up d` Terrass henstellt. Hett ´n lütt Sett düürt, aver de Smacht hett hüm anlockt un he seet daar to spachteln. De Stadtkatt muß woll flau Tieden achter sük hebben, so as he freten dee: as so en Schüündösker. Bloß anfaten kunnst hüm nich, noch nich, denn naihde he weer ut.

Aver no een Week seet „Massü" al bi uns ünner d` Kökendisch un luurde, dat sien Kattenblock upfüllt wuur. Butendeem harren wi faststellt, dat uns Familientowaß en He un kien Se weer: en Kater.

Mien Froo Helma köffde Büssenfoor un Breckies, de much he besünners geern. Ik schull: „De oll Stadtkatt word uns ja düür an Foorgeld!" Vandaag is de Kater mi al so an ´t Hart wussen, dat ik uppass, dat immer genoog Foor för hüm in Huus is.

Langsaam hebbt wi hüm bibrocht, dat he, wenn he bi uns blieven wull, binnen up d` Hill slapen muß. Dat klappde ok flink. No veer Week, ik seet in d` Stuuv bi d` Sportschau, do keem uns Kater rin, sprung bi mi up ´t Sofa, leggde sük up mien Schoot un fung an to snurren. He slickde mien Fingers un luurde, dat ik hüm man strakeln dee. So is he bi uns upnohmen worrn.

Uns Nahbersjung Frank keem up Besök. He meende: „Der sieht ja aus wie Garfield." So hebbt wi hüm Garfield döfft, un he hett uns adopteert. Garfield speelt in Tüskentied en groten Rull in uns Familienleven. He hett veel Glück hat, dat he sük uns utsöcht hett.
Eenmal weer Frank ok weer bi uns un de lütt Jung striekelde Garfield. He fung ok glieks luut an to snurren. Ganz verfehrt reep he: „Wo kann man denn den Motor in diesem Kater abstellen?"

Mien Kanaarjes much he ganz geern ´n beten targen. He sprung denn an ´t Utloopdrahd un joog de Vögels hoog. Eenerdaags kregen wi en Vögel, de Helma hör Süster Inge in Leerhof toflogen weer. De weer nett so nümig un keck as sien Finderske. Daarüm hebbt wi an dissen Vögel ok Inge seggt. Baden un pulsken much he verdammt geern; dat lockde uns Kater an. He leeg platt up d` Buuk direkt vör dat Huck un keek sük dat Speelwark an.
As de Kanaarjes dat sehn deen, gung se midden in hör Ballje un haude mit de Flögel den Kater en vullen Schuur Water genau in ´t Gesicht. Siet den

23

Dag hett Garfield sük nich mehr veel för mien Vögels interesseert. Dat weer ja ok good so.

Vör Autos hett Garfield veel Angst. He bruukt bloß en Fahrtüg hören, denn is he al weg. Wenn wi up Tour sünd, sitt uns Kater meestens ünnert Heeg to wachten, dat wi weer koomt. Denn rönnt he, daarmit he man as eerst binnen is, un luurt, of wi hüm woll wat Leckers mitbrocht hebbt. Am leevsten mag he ja friske Mett of Fisk, daar is he ganz wild no. So hebbt wi hüm ganz mooi verwennt.

Nu keem de Tied, waar de Katers weer anfungen to jagen. Se gungen up „Bruudsöök". Wi wullen aver nich, dat uns Garfield sük bi uns up Nahberskupp sinnlos vermehren dee. Also wurr en Tied bi Dokter Veerfoot afmaakt. Bloß as Garfield uns Kasten sehn dee, waar he för de Transport in sull, do weer dat ut mit hüm. Daar wull he nich rin, daar harr he erbarmelk veel Angst vör. Villicht weer he ja mit so 'n Kasten utsett worde un harr daarüm so en Schiss? Kunn ja ween, dat he dach, wi wullen hüm ok weer utsetten!

Uns Kater blarrde un reerde as wenn he starven muß, ganz bit no den Veehdokter hen.

As he daar up de Disch keem, weer dat tomaal good, as wenn he dat al kennen dee. En lütten Sprütz un weg weer „Massü". Nu wurr Garfield üm sien „Manneskraft beraubt". Schaa üm al de

Katten in uns Nahberskupp.

Noch een Sprütz tegen Zecken, Würms un Flöh un denn gung dat wer no Huus. Uns Kater sleep immer noch. Tegen Abend keem he langsaam weer bi, wackelde van een Been up 't anner, soop 'n beten Water un leeg glieks weer platt.
Oh, wat weer dat en Slappsteert!
Aver annern Daag weer uns Garfield al froh weer munter un muß up Tuur. He muß seker sien ganz Stipvisiten un „Rendezvous" afseggen. He kunn ehr nu ja nich mehr blied maken.

Een grood Malöör hett uns Kater denn doch noch hat. He seet gern in de Dörgang tüsken Huus un Schuppen. Daar weer en iesdern Goorndöör, de meestens open stunn. Dissen Daag ok, aver daar keem en Windstött un haude de Döör dicht un Kater sien Steert seet daar tüsken. He hett erbarmelk jauelt. Dat dee seer, watt 'n sük ja woll vörstellen kann. Good teihn Zentimeter van sien Steert weern af un hungen bloß noch an `t Fell.
Garfield sprung in sien Pien över d` Wall in d` Maisacker rin. All ropen nützde nix. He bleev verswunnen. Tegen Avend keem he weer anstrieken, sien afknepen Steert slurrde he achter sük an.
Wi grepen hüm un moken daar Salv an, aver dat slickde uns „Massü" daar glieks weer af. No 'n

paar Daag harr he sien afknepen Steert up d`
Rasen verloren.
Ik wull dat Enn eerst an mien Autoantenn maken,
as Kattensteert.
Mien Froo schull: „Nu büst woll ganz verrückt
worrn!"
Ik meende: „Of dat nu en Katersteert is of en
Vosssteert, dat is doch egaal!"
„Nix, de Steert kummt in d` Mülltünn".
Garfield hett nu en Stummelsteert, dat sücht ok
ganz nüdelk ut.
Vergangen Fröhjohr harr ik en Bloodvergiften, de
sük tüsken Duum un Wiesfinger entzündt harr. De
Dokter hett mi anraad, de Entzündung mit reinen
Quark to köhlen. Dat mook ik denn ok.
Avends bi d` Nahrichten smeerde ik de Stee mooi
dick in. Kater leeg as immer bi mi up ´t Sofa. No
de Weerkaart bün ik en beten innickt. As ik mien
Hasenslaap ut harr, weer de ganze Quark weg.
Dat kunn doch nich angohn! Dat kunn doch nich
al intrucken ween!
Kater sleep sien Best. Nu smeerde ik daar neei
Quark up un stellde mi bloß slapend. Nu keem,
wat ik al dacht harr. Garfield sloog sien Ogen
open, mook sien Hals lang un fung an, den Quark
mooi vörsichtig van mien Hand aftoslicken. Ik see:
„Du ollen Kater". He keek ganz verfehrt un
verdrückde sük flink, as wenn he en slecht
Geweten harr.

No disse Begeevnis wull Garfield bloß noch rut. Teihn Minüten later seet he mit en dicken Muus vör d` Döör un jauelde. Dat sull seker en Weddergoodmaken van hüm ween. Nuja, so is uns Garfield, den ollen Stadtkater, even.

Över d` Hauptstraat geiht he aver ok ganz geern, denn sitt he an d` Kant un kickt hen un her, bit nix mehr kummt, un denn mit een Satz röver. Bloß in de lesd Tied wurr he immer driester. Vör 'n paar Week weer dat denn sowiet. En Auto hett hüm vull to faten kregen un uns leven Garfield weer stuuv dod.

Wi hebbt lang üm hüm truurt.

Gipsi

Rieko weer in Truur. Ehrn mojen Kanaarjevögel Gipsi weer dood.

He weer al en paar Daag wat muckelig ween, aver anners harr hüm, ok wenn he mit fievteihn Jahr al steenold weer, nix fehlt.

Nu muß Fidi sien Zigarrenkasten eerst utrümen, denn daar sull Gipsi nu rin.

Sien lesde Verbliev funn he in d` Goorn ünner en groten Dannenboom. Rieko weer rein wat benaut.

Se seeten in d` Köken bi en Tass Tee un en Stück Botterkook, keken ut Fenster un mussen an de mooi Tieden denken, de se mit ehrn Vögel hat harren.

Eerst as se hüm kregen harren, weer he ja düchtig wild ween, aver dat harren Rieko un Fidi hüm gau afwennt. Jeden Moorn vör dat Fröhstück geev Fidi hüm frisk Water to drinken un to baden. Tüskenin kreeg he immer mal wedder en Leckerli van Rieko. No en paar Maand drüff Gipsi ok al ut sien Käfig rut un en paar Runden dör de Köken dreihen. Se harren hüm al sowied, dat he, wenn se seten to Tee drinken, ok up d` Kökendisch keem un ut en lütten Pott Water soop. Daarno gung he weer in sien Kast un sung as en Nachtigall. Dat düürde gaar nich lang un den lütten Gesell weer hör richtig an dat Hart wussen. Daar harren de beid Ollen ehr Freud an.

28

Bloß eenerdaags dreihde den Vögel ok weer sien Runden un bleev mit een van sien lütt Stiepkers in d` Gardin hangen. Fidi weer in d` Tuun un Rieko an d` Tüglien, as uns Künstfleger so erbarmelk to Malöör keem. He hung daar nu koppheister in ´t Fenster. Rieko reep: „Fidi, Fidi, uns Vögel is to Malör komen!" He keem man so mit Stevels an van d` Acker un befrejde den lütten Fründ.

Bloß dat arm Deert harr sien linke Been ganz afdreiht. Dat Beenlidd weer total af un hung bloß noch an en beten Huud.

Rieko seet in d` Köken to blarrn: „De arm Vögel, dat is all mien Schuld, ik harr hüm insperren mußt, as ik rutgung".

Fidi settde hüm vörsichtig in sien Vögelkast. Denn reep he bi den Tüchter an un verklookfidelde hüm de Saak. De see: „ Ik koom glieks her un kiek mi den Patient an". Dat düürde ok man even, do stunn sien Auto al up d` Hoff. Fidi nohm den lütten Verletzten, de ganz bang in d` Eck seet, ut sien Käfig. De Tüchter keek sük de Verletzung an un meende: „De bruukt en stevigen Verband, denn is dat Been noch woll to redden". Wat he daarto bruken dee, harr he ok al mitbrocht.

Fidi muß sien Vögel in d` Hand hollen. De Tüchter mook dat Been mooi mit Babyölje rein, nohm en Rietstick ohn Swefelkopp, hull de daar an un wickelde daar en Striep van en Papiertaskendook ümto. Nu nohm he en Drinkhalm ut Plastik, snee de so lang as den Rietstick un slitzde de up. De wurr nu över den Verband schoven un mit Tesafilm verbunnen. „Dat mutt nu dree Week so blieven, denn is dat Been weer anwussen", tröstde de Tüchter Rieko. Nu kunn Fidi sien lütten Fründ, de an ´t ganz Leven bevern dee, weer in d` Kast setten. Rieko harr al weer Tranen in d` Ogen, ditmaal vör Glück.

No en paar Daag keem de Vögel mit sien „Holtbeen" al ganz good torecht. Mit een Been vörut floog he dör de Köken. Dat landen muß he allerdings noch öven.

Fidi meende: „Ik mutt nu immer an mien Unkel Bernd denken". „Woso dat", froog Rieko. „Ja, de harr ok en Holtbeen".

No dree Week weer de groot Dag. De Tüchter keem. Nu weer dat sowied. De Verband, sien „Gipsbeen", kunn rünner. All sull dat neeidoon, of dat woll wat worden weer!

Fidi harr hüm in d` Hand un mook de Verband langsaam open. De Vögel keek, pickde mit de Snabel an sien Been, floog dör de Köken un lannde up d` Disch. En paar Daag later weer van dissen Beenbröök nix mehr to marken. He sung weer nettso mooi as vördem. Siet disse Tied heetde Rieko un Fidi ehr Kanaarjevögel bloß noch „Gipsi". Aver nu is he dood.

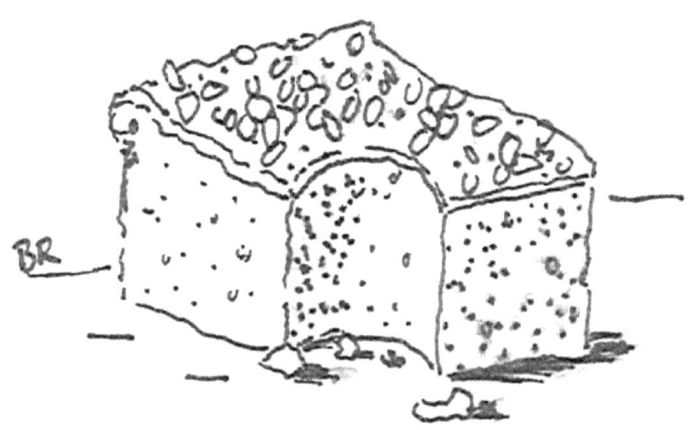

Blosenentzündung

Rieko krokel all wat vör sük hen. De ganze Ünnerliev de ehr sehr. Se leep richtig krumm at so en old Wiev. Schellens harr se ok al hat. Fidi wull ehr morgens glieks no den Doktor schicken. Dorbi wüß se sülvst wat se harr. Weer ja nich dat eerste Maal: Se harr een Blosenentzündung. Un wat helpt daar am besten tegen: Warmt, veel drinken un Omas wullen Slüpfer. Dat harr de Doktor ehr ok al maal seggt. Verdreiht weer se aver doch. Se wull doch so geern to Ostern de Blömentuun torecht hebben. Daar harr se sük dat ok woll bi weg holt. Weihde ok ja noch en iesigen Wind üm de Huusecken to.

Nu verhool se sük binnen 'n beten. Rieko mook Tee un reep Fidi: „Kumm man eerst her to Tee drinken". „Langwielst du di alleen binnen, dat dat al so up Tied Tee gifft?" froog Fidi ehr. „ Nee, ik mööt aver ja veel drinken, dat ik den ollen Schiet weer loos werd. Bruukst gaar nich so to grienen. Du hest de Pien nich!" „Och Moder, nu beduur di doch. Ick maak di glieks noch en nejen Püll." „Dat kann ik woll sülvst. Du kannst glieks no den Görner fahren un daar Stiefmütterchen kopen. In dat Blömenbeet vör 't Huus sünd jeden Jahr noch welke in ween un daar koomt ditmaal ok welken in. Stiefmütterchen utsöken is jo woll nich so stuur. Wenn du dien Tee up hest, denn go man eerst los!" Fidi wuss gar nich, wat hüm överkeem. „Ick weet ja gaar nich, woveel wi daar van bruukt un wecke Farven dat ween mööt!" „Du büst doch sülvst groot. Laat di beraden un söök welken ut. Wi bruukt sowat 30 Planten. Seeg man to, dat du los kummst". „Drinkt wi nahst denn ok noch en Grog? De is doch warm un good för dien Bloos", froog Fidi. „Jo, en Holunderbejengrog! De is gesünder."

Rieko meende, se kunn binnen 'n beten sitten un ehr Tüg nakieken. Dat full ehr aver ok rein wat stuur. De olle Püll weer immer in d` Weeg. Se

kunn sük nu doch nich up 't Sofa leggen to Fernseh kieken.

Fidi harr Blömen köfft un ok würkelk moojen in orange un dunkelrood. „De magst du doch besünners geern lieden!", freude he sük över dat, wat he inköfft harr. „Dat hest du good maakt. Nu kannst du de buten verdelen. Ik kiek glieks üm 't Eck to, wo dat utsücht".

Rieko settde binnen al Water för de Fledderbejengrog up. Denn gung se hen to slau snacken, wat Fidi daar mook. He harr de Blömen

33

nich so recht no ehr Nöös plant. Aver dit Johr muß dat daar so hen. Beter maken kunn Rieko dat nich. „Enigermaten lett dat ja. Kumm man eerst her, dat gifft en Grog", nöögde se ehr Ehegespons un gung rin.

„Dat is ja bloß Fledderbejengrog! Ick dach, dat geev wat anners." „Dat harrst du di woll dacht. Üm Middag al supen. Dit helpt ok tegen Koll". „ Sett di man al mit dien Püll in de Stohl. Am besten, du settst di daar boven up. Denn hest dat all mooi warm. Schall ick di ok noch en Küssen geven? Ik maak uns de Grog torecht!" Fidi weer ok ja besörgt üm sien Rieko.

Rieko settde sük mooi warm in de Polsterstohl vör de Heizung in d` Eetstuuv, boven up den Püll, so as Fidi dat seggt harr. In d` Köken goot Fidi den Grog up. In sien Glas keem en goden Schööt Rum to den Saft.

„ Kiek", seggt Rieko, „dat bruukt ja nich immer glieks Rumgrog ween. Dissen warmt ok! De Püll is aver mooi warm ünner mien Achtersteven. Dat kann ik woll fullhollen so!" In den Ogenblick wurr ehr de Moors natt un dat Water leep ünner ehr Stohl weg: De Püll weer platzt! Daar seet uns Rieko nu mit ehr Slüpfers un Omas wullen Slüpfer: een noch natter as de anner. All weer dat natt: den Stohl mitsamt dat Polster un dat Küssen, un dat Water streek över d` Footboden lang.

„Rieko, wat hest du denn maakt? Hest du di in d`

34

Büx megen?" Se rönnde ruut, un as se weer rinkeem mit Feidel un Emmer in d` Hand, snaude se Fidi an: „Dat maakst du dröög! Ik mööt mi sülvst dröög leggen." --- Un se harr doch bloß een wullen Slüpfer.

Geburtsdagsöverraschung

De lütt Frank ut d` Sofienstraat, de erinnert mi immer an Michel ut Lönneberga, dissen Schwedenjung. He hett dat ok fuustdick achter de Ohren un kickt daarbi so unschüllig ut as en nöchtern Kalv. Ofwoll he immer wat anstellt, kann man hüm eenfach nich düll wesen, dissen lütten Schietbüdel.

Sien groten Bröör Jochen gung geern hen to fisken, an leevsten angelde he mit Mehlwürms. Daarmit fung he an meesten. De Döös mit de Würms stunn in d` Achterköken in dat Köhlschapp. Daar drüff Frank nich bi. Aver wat man nich dröfft, maakt an meesten Spaß. Jedenfalls weer Jochen ok en Dag vör Moder Helgas Geburtsdag na den Kanaal ween un harr en mojen Roodbaars mitbrocht. De wurr glieks utnohmen, afschuppt un infroren.

Frank seeg dat un harr för sük en geniolen Infall. He sammelde de mooi blinkern Fiskschubben in en Papiertuut un packde se weg. Villicht kunn he de noch bruken.

Sien Moder haar dat drock mit Tort- un Kokenbacken un 't Huus up schier maken.Anner

Mörgen up hör Geburtsdag muss se noch wat inkopen.

Frank seeg, dat sien Moder wegfohren dee. Dat weer sien Chance: flink de Tuut mit de Schubben her un af in Köken. Nu maalde he mit ´n Filtstift en groot Hart an de Binnerkant van d` Kökendöör. Dit Hart hett he nu ganz mit sien sammelt Fiskschubben utstaffeert. Dat glitzerde un blinkerde di mooi in d` Sünn, de dör dat blankwienert Fenster scheen. Mama schull sük woll freun.

Nu wull he eerst even kieken, wo de Tort woll utsehn dee, de Moder backt harr.

In d` Achterköken in ´t Köhlschapp harr se de stellt. Lecker seeg de ut. Dor stunn ok de Döös, worr he nich bi gahn schull. Aver weer ja nümms daar, de mit hüm schellen kunn. Flink mook he de de Döös open. Harrijasses, all vull Würms. Oh, Moder keem weer. Gau de he de Döös so weer in ´t Schapp rin.

Frank rönnde sien Moder tomööt, full hör üm d` Hals un graleerde mit en dicken Söten. „Ich habe auch ein ganz schönes Geschenk für dich gebastelt, musst mal in der Küche nachsehen!", see he richtig stolt, bleev aver vörsichtshalver lever buten.

Eerst seeg Helga dat gaar nich. Se wunnerde sük blot, dat hör Köken so düchtig na Fisk stinken de. Tomaal bölkde se los: „Mien mooi Köken, de hebb ik güstern doch eerst schummelt. Un nu dat".

Bloß düll ween kunn se hör Lüttsten un Leevsten ok nich. He harr dat ja good meent. Mit 'n Swamm un Putzmiddel weer de Döör ok fix wer schier; stunken hett de Köken aver noch de ganz Week na Fisk.

Nu wurr dat Tied, de eerst Besök kunn ja al glieks daar ween un de Tort weer noch nich sneden. Aver nu dreep hör bold de Slag. Se weer totaal benaut. Up hör mooi „Schwarzwälder Kirschtorte" kropen all de eersten Mehlwürms. Frank harr in de Drockde de Würmdöös nich weer richtig dicht kregen un de Mehlwürms ween anfangen to wannern. Se nohm den leckern Tort un smeet hüm so över d' Drahd in d' Höhnerutloop rin.

Un so kregen de Höhner ok maal wat feins to Helgas Geburtsdag. Hör Geburtsdagsvisit muss sük nu mit drööge Koken tofree geven. Se rastde bold ut un bölkde: „Frank, Frank, büst du bi 't Köhlschapp ween?"

„Ich? Wieso? Ich hab doch nur geguckt!"

„De ganz Köhlschapp is vull Mehlwürms! Ekelig! De Krabbelee maakt Jochen, wenn he weer kummt, aver at eerst weg. So 'n Swieneree!"

Frank smüsterde sük een mit sien unschüllig Gesicht. Daar harr he aver noch mal weer 'n Dusel hat. Jochen sull sük woll freun...

Anfleut!

Jürn we ieverg in Kruuttuun an rieten. We Föhrjohr un de Gemüüstuun muß ok noch groben un beplannt werden. Dat wull he noch al in sien Urlaub berecken. Daar keem Helga üm Eck to: „ Du schullst eerst eben bi dien Moder bilang komen. Daar is well van de Landkreis wegen ehr Toggschloot. Dien Geschwister harren kien Tied un alleen wull se dat nich besnacken. De luurt up di." „Mutt dat ween. Ick hebb kien Tied. Wenn ick bi d` Arbeit ween harr, harr ick ok nich hen kunnt. Un worüm hebbt de sük nich anmeld?" Jürn schullt, man maak sük doch glieks up Padd. So Beamten hebbt ja wenig Tied un sünd besünners ungedüldig.

Nu kreeg Helga dat drock: se deck in Eetstuuv de Disch mit dat moije Teegeschirr. Schlagrohm muß se ok noch schlaan un ehr Koken upschnieden. Stillkens we se an backen ween, wenn Jürn in Tuun oder up Tour we. Grad noch de neije Büx un Pullover an. Denn we se süllst ok schier un ehr Visit kunn komen.

Daar pingel dat all. „ Moin, mien Deern! Ick graleer ok to jo 26. Hochtiedsdag!" Rieko un Fidi stunnen för de Dör. „Ick wünsch ok dat Allerbest. Waar is Jürn denn?" froog Fidi glieks. Helga nöögg ehr Öllern eerst in d` Eetzimmer un denn vertell se: „De hebb ick vernarr bruukt. Ick hebb hüm mit een

Trick no sien Moder schickt. He muß ehr ja afholen. Jo, un en beten Straaf mööt he ok doch hebben. Sien egen Hochtiedsdag vergeten. Jürn hett woll dacht no de sülvern Hochtied bruukt man daar nich mehr an denken. Aver anfleut, Herr Pastoor! Ohne mi! Wenn he weer kummt, schellt he seker. Gaanz schlimm wurd dat aver nich. Ick kenn hüm ja. Mit Scheedung eend dissen Spaaß wiss nich!"

Nu pingel dat weer an Döör. „Waarüm kaamt de nich rin. He hett doch en Schlödel. Kann ok ween dat Schwegermoder dat is, un Jürn fohrt dat Auto in de Garaasch. Moin, Moder! Kumm rin." „Jo,

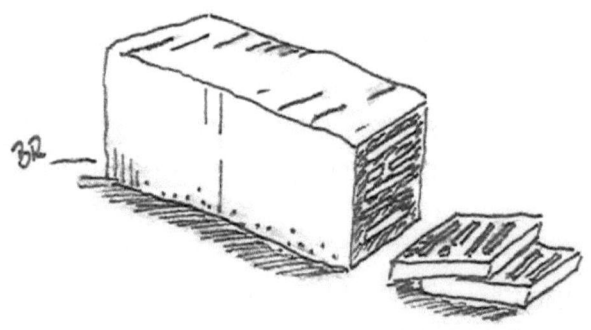

geern. Man laat di eerst maal graleern. Wat hest du denn mit Jürn maakt?"

„Waarüm hest du mi unter Vorspiegelung falscher Tatsachen no Moder schickt? Kunnst du mi in Huus nich up dat Datum henwiesen? Muuß du mi bi mien Moder so bloß stellen? Daar wen kien Beamten van Landkreis, ne. Moder seet geschniegelt un gebügelt in Köken an Disch un do segg se ok noch an mi: „ Ick graleer di ok to jo Hochtiedsdag. Moi, dat du all daar büst to afholen, denn koont wi ok noch en Blööm kopen." Do hebb ick ehr eerst Maal no de Landkreislüü fraagt, aver de harr vöör en poor Daag all daar ween." Jürn futer wat dat Tüügg holen de.

„Beruhig di man, gah hen un treck di en annern Büx an. Ick wull di daarmit blooß segen dat man ok no de sülvern Hochtied de Hochtiedsdag nich vergeten dröfft!" wull Helga nu good Weer maken. De Reken harr se aver ohn ehr Ehegespons maakt: „ Ick go wedder in Tuun. Mien Arbeit maakt mi nümms daan." „Bliev bitte eerst binnen to Tee drinken. Mama un Papa sünd ok daar. Ick hebb Kook backt. Bitte!" beddel se.

Jürn haal en depen Sücht. Helga wickel hüm doch jedes Maal wedder üm den Finger – ok no 26 Johr noch. Tee drinken wull he ok un wenn Rieko un Fidi un sien egen Moder al up Visit wen, kunn he ja schlecht up Kopp in Tuun stahn to arbeiden. Jürn gnuffel wat vöör sük hen un gung in dat Schlaapstuuv to ümtrecken.

Helga gung in Köken, seet Teewater up un mitnanner kemen de beid do in d` Eetzimmer. „ Jo, jo!! Lach Jürn. „Helga hett mi gaanz moi her hat. Aver se hett sük in ehr egen Fleesch schneden.

41

Eegentlik wull ick van avend mit ehr eten gahn.
Dat mööt ick mi nu aver noch maal överlegen!"
De Visit seet daar un smüster. Kien een glööv dat
so recht.

In d` Waschpott

In mien Kinnertied weer ik ok veel bi mien Oma un Opa up Langstraat, de wohnden nich wied van uns af. Daar kunn ik lütten Purks mit mien krumme Benen flink henlopen.

Bi Oma un Opa weer immer wat los, se harren ja allerhand Kinner. Enigen van de ween noch nich ut Huus un de deen immer veel mit mi malljagen, wenn ik daar up Visit weer.

Oma harr groot Wasch, se kookde Betttüg. As de kloor weer, stellde se mit Opa den grooten Waschpott in d` Achterköken to afköhlen.

Wi gungen maal wedder gewaltig tokehr, de annern seten achter mi to un ik keem so düchtig in d` Sweet, dat ik mi tüskenin eerst verpusten muß. To`n Verholen settde ik mi up Omas heeten Waschpott.

Mitmaal kippde de Deckel hoog, floog mi in 't Krüüz un ik seet mit d` Moors in den kokend heeten Waschpott vull Betttüg. Mien ganzen Moors harr ik verbrennt. Reert hebb ik as en Swien, wat jüst afstoken wurr. Opa greep mi d`ruut, look mi de Kledage van 't Leven un leggde mi up d` Buuk in 't Sofa.

Nu weer Holland in Nood! Aver Oma wuss Raad.

Se hool Kartuffels un fung an to rieven; de kreeg ik övert d` blooten Moors. Dat dee gruselig good. All halv Stünnen kemen daar nejen up. Opa see: „De sünd al meest goor, daar köönt wi Tuffelpankoken van backen." So wull he mi to `n lachen bringen, daarna weer mi aver gaar nich tomood. Mien Moors weer rosarood as en Backschinken.

De groot Kinner hebbt eerst en rechtschopen Pack Schellens van Opa hat, daarbi kunnen de daar doch gaar nix för. Se beduurden mi daarna aver düchtig un versörgden mi mit Schlickeree un Appelsaft. Dat hulp mi eerst över de gröttste Pien weg. Na en paar Daag bladerde de verbrennde Huut ok al af un ik harr wedder en richtigen moojen Pfirsichpopo.
Üm heet Pött, ok Middagspött, mook ik vandaag noch en grooten Bogen; dat hett för mi Lehrgeld för dat ganzè Leven ween.

Gerd hett Koppien

Gerd harr güstern Avend mit sien Frünnen van d` Füürwehr een Kameradschafts-vend fiert un so as immer we dat doch en beten later worden.

Helga wull hüm morgens al liggen laten, aver he meen: „Karl holt mi glieks af, ik bruuk ja nich sülfst Auto fohren un üm half een is ja al Weekenend.

Ik hebb bloß Bregenklötern un Fröhstück bruuk ik vandaag ok nich. Tschüß."

Helga see: „Naja, denn könnt wi ja üm een all mitnanner to Middag eten."

Gerd keem teemlich slapp van Arbeit weer no Huus. Dat lecker Eten smuck hüm ok nich so recht, he meen: „Ik glööv, ik leg mi at eerst en lütt Sett up Ohr."

„Denn go aver am besten in Bedd, denn in Stuuv un Köken will ik rein maken. Boven in Slaapstuuv stöört de Kinner di ok nich." we Helgas Rat. So gung Gerd in Bett. He kunn de oll Superee ok doch mich mehr so af. Annern Daag harr he immer en kranken Kopp.

Tegen veer keken de Kinner maal ganz vörsichtig dört Döör, aver hör Vader sleep sien best. „Mama, schöllt wi Papa nich

upwaken?" „Ne, de lat sien dicken Kopp man utkureern."
„Ja," see Tina „ik hebb ok al maal Koppien hat, dat deit ganz düchtig seer. Schall ik Papa even en natten Waschlappen oder een Koppienpill henbringen? Dat helpt!"
„Ne, ne lat hüm man. He is güstern Avend tolang up ween."
Üm seß snuurk Gerd immer noch, aver Helga leet hüm tofree. Se harr Mitleed.
Nu word aver langsaam Tied dat se Avendbrood up Disch kreeg. Hör Kinner mussen ja al bold in Bedd. „Worüm hest du denn bloß vör uns dree Eten up Disch makt? Schall Papa denn nix hebben?" „De lat man liggen, de steiht, wenn he utslapen hett, van alleen up."
Helga eet mit hör Kinner un brooch se daarna in Bedd. As se de Köken weer upkloort harr, maak Helga sük dat in Stuuv bit Fernsehen kommodig.
Mitmaal keem Gerd bi d` Trepp daal pultern. „Helga, Helga worr büst du? Waarüm hest du mi nich upwaakt? Ik mööt doch no de Arbeit, ik kaam doch all veelst to lat. De Kollegen luurt doch up mi, ik hebb doch all Slötels in Tasch. Dat gifft seker Arger. Aver worr sünd de Kinner? De mööt ok doch up. Weetst du denn gar nich wo

laat dat is? Dat is al glieks acht Ühr." Gerd stunn in vull Arbeitsmontuur in Stuvendöör. „Siet wennehr kiekst du denn Fröhstücksfernsehen? Dat geiht nu doch towiet!"

Helga fung luut an to lachen un kunn sük gar nich weer beruhigen. „Fröhstück krigg ik nu ja nich mehr. Aver hest du mien Botterbrööd för de Arbeit wenigstens kloor?"

„Hau di man eerst en reellen Schlag kolt Water dör dien Gesicht un denn kummst du wedder rünner. De beid Deerns sloppt sachs. Dat is avends acht Ühr! Du büst in Tied verbiestert un dörnanner as en Tuut Tabak. Un övrigens moorn is Saterdag. Ik mook di eerst een Pann vull Röhreier mit Schink, wenn du di ümtrecken deist."

Helga lach immer noch.

Nu worr Gerd düll: „Mit mi könnt ji dat ja maken. Ik wull doch bloß en lütt Sett slapen un du lesd mi daar liggen. Du hest seker dacht, laat de Oll man verrecken."

„Nu, hol aver up. Ik hebb dat good mit di meent. Wi hebbt al lütt Sett no di keken."

As Gerd sük ümtrucken un wuschen harr, entschüllig he sük bi sien Ehegesponns un meen: „ Ik schall in Tokunft woll wat körter treden möten, ik kann dat fieren nich mehr

47

so af. Ik werr doch öller." „Ja, ja du ollen Paddie!" Nu mussen se beid lachen.

An neegsten Moorn ween Anna un Tina ganz blied, dat hör Papa ohn „Koppien" weer mit an den Fröhstücksdisch seet un den ganzen Daag Tied för hör harr.

Kosakenkoffje

Nadem ik nu in Wittmund mien Telten afbroken harr, gung ik no Jever hen, no de Waffenschool. Daar keem ik no Annohm un Verschick mit seß Zivilisten, jeder weer en Unikum för sük. Wi harren immer veel Spaß, un as ik eerst mien Instand utgeven harr, do hörde ik daar glieks mit to, denn Sluck un Beer muchen se all geern.

Eenmaal harren wi ok weer so en drögen Tung in den Hals, aver nix to drinken. Water muchen wi nich, dat muß al wat harts ween, wat nu?

Kolleeg Gerd harr aver en Infall, de he noch ut Kriegstieden kennen de: „Wi mookt Kosakenkoffje!" Dat kennen wi annern nich. „Wat, Kosakenkoffje?"

He see bloß: „Jo, dat mookt wi!"

Gerd kookde een Liter Water un kippde daar een ganz lütt Glas Neskoffje rin. Good ümröhrt un af mit dat swart Plöör in d` Köhlschapp.

Ünnerdes wurr mit Sanis snackt un een Liter reinen Alkohol mit 94% besörgt. Dit wurr nu tosamen kippt un wi harren uns Kosakenkoffje mit 47%.

De drunken wi mooi ut uns Koffjetassen.

Dat Tüüg smuck gaar nich so slecht, kunnst aver flink slecht van werden un Knobelhosten van kriegen.

Nu seten wi all bi den Koffje un tomaal stunn uns Hauptmann in de Döör. Ik mook hüm glieks Meldung mit „Alle Mann bei der Kaffeepause und keine besonderen Vorkommnisse" un so wieder.

He snüffel all wat rüm, kunn aver nix finden, waar he wat an uttosetten harr. Wi keken hüm mit ganz blied Ogen an, all nett so unschüllig as so en paar nöchtern Kalver.

As he wedder weg gung, see he noch: „ Irgendwann erwische ich Euch doch", un buten weer he. Wi wussen gaar nich, wat uns Boss harr, un drunken uns Koffje in all Ruh wieder.

De Fröhschoppenclub

Vör Jahren harren mien Swagers, mien Bröör un ik en Fröhschoppenclub gründt.

Wi drepen uns, wiel uns Stammkroog dicht maakt harr, eenmal in d` Maand in Huus.

Dat Geld, wat wi nu överspaart harrn, keem in en Spaardöös un daar wurr eenmaal in 't Johr en vergnögten Utflug van mookt.

Ditmaal sull dat mit d` Bus in `t Sauerland na Edermünde-Besse gohn.

Mit packde Kuffers stunnen wi morgens üm Söven an d` Straat. De Bus weer al meest vull van Kegelclubs, all ut uns Gegend. No en halv Stünn wurr d`r eerst en Sluck inschunken. Ik gung mit de Buddel bilang un schunk in. Tomaal kloppde dat up d` Klo. Daar seet een in fast un kunn de Döör nich weer open kriegen. „Jo", seen de Keglers ut Burhof: „De hett sülvst schuld. De kriggt kien ut d` Buddel." No en lütt Sett, dat Kloppen harr noch kien Enn, is aver doch een no den Busfahrer gohn, hett den Reservschlötel haalt un de Döör van buten open schloten. Un well keem dor ruut? Mien egen Froo! Un ik harr dat noch gaar nich mitkregen. Naja, dat köst noch mal een Sluck ut d´ Buddel.

De eerst Paus moken wi up en Verpuststee an de Autobahn. Un so as ik dat vör Mood hebb, ik weer maal Porzellanbrenner, holl ik den Deckel fast un kiek ünner den Zuckerpott, well de woll herstellt hett. Swager Alfred meende: „Dat kann ik ok!" He nohm den Melkgüt un kippde de ganze Melk van boven över d` Disch. De Kellnerin weer bold utrast. Alfred meende ganz dröög: „Ik dach, de Pott weer los." Naja, nu man flink betahlen un nix as wieder. Even vör dat Ziel reepen Helma un Inge tomaal: „Halt, Halt!" De Busfohrer mook bold en Vullbremsung un froog wat los weer? „Daar is so en moojen Acker mit Buus- un Roodkohl, daar harren wi uns geern en paar Koppen van klaut." De Fahrer lachde, schüddelde mit d` Kopp un fuhr wieder.

In dat Hotel ankomen, harren wi veer Stuven tegennannner, all mit en Balkon verbunden. Heel gadelk!

Nu man Kuffers utpacken, aver wat weer dat? Dat rumms ja gewaltig. Wi rönnden övert d` Balkon no Inge un Alfred hen. Wat weer passert? De beid „Leichtgewichte" ünner uns weeren al glieks mit ehr Betten tosamen broken. Nu muß eerst dör den Huusmeister dat Bett flickt werden un wi harren Tied, uns en beten üm to kieken un Beer to drinken.

Annern Dag sull dat no 't Herkulesdenkmal no Kassel hen gohn. Een van de Burhofner Keglers meende: „ Dat is seker de Kerl van de Dragselen. De hebb ik al över dartig Johr an mien Büx."

As wi daar boven stunnen, harren wi en

wunnerbaaren Blick över ganz Kassel, heel mooi. Inge hett en Automat utmaakt, waarmit man Waterstrahlen utlösen kunn. Theo geev ehr ´n Mark, aver nix passeerde. Se leep no boven un keek, neeisgierig as se ja weer, eerst to. Mit eenmaal gungen de "Waterfontänen" los un se kreeg en Strahl midden tüsken de Benen. Oh, wat hebbt wi lacht.

Avends geev dat Sponbirg un en Danzvergnögen, hier wurr richtig tolangt. Anner Moorn hebbt wi all uns „Brummschädel" pleegt. Een van de lesde Slucken muß woll schlecht ween hebben.
.

De Burhofner Froolü sloten ehr Mannlü up de Stuven in „Arrest", wiel se dat doch to slimm dreven harren. Nu weer ´t wat! Aver ehr Glück weer, dat wi genau över ehr wohnen deen, un wiel se raffineert weeren, repen se uns üm Hülp: „Hebbt Ji nix to drinken för uns? Wi hebbt so ´n Dörst". „ Kööm" reep een. „Jo", meende Horst: „Een Buddel Wienbrand hebbt wi woll noch". Aver, wo de rünner kriegen? Fallen laten? Nee, to gefahrelk! Theo wuss Raad!
An sien Nachtdischlucht weer en Verlängerungskabel. Dat nohmen wi. Daar bunnen wi en Perlontuut an un leten de Buddel rünner. De Kegeljungs pielden as so Boxerhunnen. At ehr Froolüü weer kemen,

weeren de Jungens al weer anduunt, se meenden bloß: „Uns Mannlü kannst doch kien fief Minüten ut Ogen aten." No veer Daag gung disse gelungen Utflug to Enn un de Olldag harr uns mit veel neei Indrücken, waar en noch faken van vertellen kann, weer.

Bingo

„Fidi, hest du dat Blatt lesen?" „Jo, wieso? Dat do ick doch jeden Moorn. We daar wat besünners in?" „Jo, Sönndag is Bingo in Reepsholt un daar köönt wi beid woll hengahn." „Dat hebb ick degg lesen, aver dat is doch van de ehr Dorfgemeinschaft un wi hört daar wiss nich to!" Rieko leet nich locker. Se wull daar hen. „ Dat hett in d` Blatt stahn un denn is dat öpentlich. Ick froog Ressi of de mit will." Mit en Satz we Rieko ok all an de Klöönkasten un verafreed sük mit ehr Fründin Ressi. De Mannlüü kunnen jo int Röhr kieken, wenn se mit ehr groten Gewinn no Huus kemen.

In de moi warm heizt Saal van de Weertskupp „Up Deel" leep en üm anner Mann tohoop. De Spannung steeg. Eerst geev dat noch Koffie, Tee un Appelkook mit Schlagrohm. Nu nehm endlich de Speelbaas Helmuth Gewecke dat Mikrofon. He verklaar nochmaal genau, wo Bingo speelt wuur un wat ganz wichtig we: dat we anmeld bi dat Finanzamt un ok bi de Gemeend. Mööt al sien Richtigkeit hebben. Tosamen mit sien Fro Hildegard befüll he de Lostrumm. Nu kunnen d`r Kaarten köfft werden. Jeden Bingokaard köörs 1 Euro. Well toeerst en Riegg vullstännig mit fief Tohlen harr, reep „Bingo" un kreeg sien Pries utbetohlt, dat we 1/7 van den Gesamtinsatz. Al Lü seten mit rood Ohren an d`Disch. Je mehr Tohlen daar trucken wurden, je kribbeliger wuur de Stimmung. Midden manken harren Ressi un Rieko sük daal laten. Daar reep de eerst van „Bingo" un hool blied sien Geld af. Ressi fehlen bloss noch twee Tohlen. „Bingo" – to laat. Anners en harr dat Glück hat. Nächst Chance up Full house, ganz Zedel full richtig Tahlen. „Bingo" nu harr Ressi Full house. Se freu sük so richtig.

Al Deelnehmers kunnen sük wedder mit neei Speelkaarten indecken. Denn gung dat Speel van vöörn los. Un do mirrn in en Speel stund tomaal en frömden Mann in den Saal. He stell sük vör as en Reporter van den Friesischen Rundfunk un wull woll en paar Filmupnahmen van uns bi dat Spelen maken. Nu keem de grode Kamera vör daag, Mikrofon wuur utpackt, Scheinwerfer. Dat we ganz spannend up so en Sönndagnomiddag. Rieko un Ressi freuen sük dat se her fohren ween. De Mannlü schullen woll nietsch ween, wenn se dat in Huus vertellen den, wat hier in Reepsholt upstellt wurd. De Mann se: „Spielen Sie ruhig so weiter als wenn ich nicht da wäre. Nicht stören lassen." De en of anner reep van „Bingo". Sogaar en Full house de deelt werden muß we daarbi. Bloß Rieko un Ressi harren kien Glück mehr, daar för aver richtig veel to vertellen. Dat eerst wat Fidi froog at se in Huus keem, we: „Na, we Michael Thürnau ok daar?" „Ne, aver int Fernsehen kaamt
56

wi trotzdem!"

Aarnttied

Rieko harr de groot Entsafter up Ovend stahn. De letzt Drüppels van Johannisbeersaft lepen daarut. Se wunner sük jedesmaal wedder, woveel Saft in de lütt Dinger sitten den. Vörmiddaags harr Fidi ehr all twee groot Emmers vull plückt. Nu we se an Tour. En beten Puddingsaft, sowat veer bit fief Buddel wull se maken un van den Rest Gelee. Un ehr Ausbeute lohn sük. Seß Buddel heten Saft stunden all frisch verschloten up Schapp. Nu meet den Rest af, gehf ehrn besünnern Pfiff, en beten roden Schluck, un Gelierzucker 3:1 daarto. Fidi much dat ok nich so sööt. Dat we aver en goden Pott vull wurden. Hopentlich harr se Glöös genoog spöölt.

Un Fidi – wat maak de – de we glieks no d` Tee drinken weer ruut gahn un plück Stiekelbeejen. At he Rieko de bringen de, harr se bold en Dahlschlag kregen: „Wat sall ick daar nu denn noch mit? Denkst, ick hebb nix to doon un sitt vöör d` Kiekkasten?" „Ne, ne, man du west jüst so moi an Gang. Do dach ick, nu plück de ok man glieks, denn sünd de Strüker los un de ween ok doch so alleen ohn all de Johannisbeeren." Rieko we in Brass: „ Du sallst nich denken sondern nadenken. Nu mööt ick de ok noch all afknibbeln un inkoken. Du kannst een woll in Arbeit holen." „Rieko, dat Afknibbeln kann ick doch al doon un koken doot de ok doch alleen!" Fidi wull weer good Weer maken. „ Ja, denn fang man al an. Maak dat aver vernünftig. De Glöös goht anners weer open." Fidi sett sük no buten un bearbeit de Stiekelbeejen. He much de doch so geern as Nadisch!

Rieko kaak nu ehr Saft up, maak ehr „Gelierproof" un denn man gau af in Glöös un dicht. Wenn se man genoog Glöös afwuschen harr! Dat harr ja mehr Gelee geben, as se dach! – Jo, dat passt. Dat beten kunn se woll in en lütten Schötel doon to probeern.

Rieko keek up Klock. „So laat is dat al?" verfeer se sük. „Ick mööt jo Avendbroot maken." Grad sett se Teewater up un deck den Disch. Se we ok gaanz blied dat se kört van d` Benen af keem un sük verholen kunn.

Glieks na d` Eten gung dat aver wieder mit afwaschen un denn mussen ok noch de Weckglöös spöölt werden. „Fidi, du mußt mi helpen. Go in Spieskamer. Daar staht boben up Boord ¾ l-Glöös. Tein Stück bruuk ick daar van!" „ So veel doch?" „ Jo, dat sünd twee Weckpött vull. Lang mi de man rünner, ick wasch de denn af." Rieko wusch eerst de Glöös mit Sepenwater un spööl mit heet Water no. Denn wusch se Stiekelbeejen mit kloor kold Water bit de richtig rein ween un kien van de Nösen me up Water swemmen den. Endlich kunnen se in Glöös verdeelt werden, överall noch een Lepel vull

Zucker un en lütten Schluck Water up at se nich anbrennt un denn kunn de eersten in Pott. Rieko stell ehr Wecker up een Stünn. De Pott muss ok jo eerst koken. Nu kunn se in Ruh de tweede Rutsch kloor maken un ehr Köken weer uprümen.Se harr dat doch maal weer gaanz genau afpaaßt . All Glöös ween vull.

Blooß wat we dat? Mit well snaack Fidi denn so drock? Do segg se d` ok all: „Rieko, moin, ick

hoop dat wi nich stöört?" Mimi un Heinz kemen üm Eck to. „Fidi meen wi sullen man mit rin kamen. Du freust di seker ok!" hör se Mimis Stimm. „ Jo, dat is moi , wenn jo nix utmaakt dat dat hier so utsütt." Rieko maak gute Miene zum bösen Spiel. We jo doch to laat. „Ne, Ne wo heet dat noch: `Wo

gehobelt wird fallen Späne` un du büst schienboor an inkoken." „Jo, Ick wull bloß Aalbeejensaft un Gelee maken un do keem Fidi ok noch mit de Stiekelbeejen an. Aver de meeste Arbeit is doon. Ick bruuk blooß noch den Rest in Glöös maken un eben dicht koken. Sett jo man all in Stuuv hen. Ick bün in en poor Minüten bi jo. Fidi vertellt jo wat."
Rieko we düll as Schiet. Mannslüü, dach se de köönt doch kien beten nodenken. Ick hebb mit uprümen doch ok noch genoog to doon, un of ick ok woll mööi bünn?
Se maak in Ruh ehr Glöss vull un rüüm dat nödigste up. Nebenbi harr se ok all Teewater in Sweet jaagt. „Fidi, du kannst woll eben Teetassen up Disch maken." Beupdraag se ehr Ehegespons. Dat düür ok man so eben, de keem Rieko mit en Teller vull Koken un de Teepott in Stuuv.
„So, nu hebb ick ok Fieravend. Gliek mööt ick woll noch eben de tweede Satz Glöös upsetten. Dat geiht aver jo fell." Gemütelk seten de veer binanner to Tee drinken at Rieko ehr Wecker sük melden de: „Oh,nu is dat so wiet. Ick will eben graad de Glöös uttuschen. De Weckpott steiht in Garaasch. Daar dampt he mi dat nich al so vull." Dat düür en lütten Moment un Rieko we weer daar. Dat wuur noch en lüstigen Avend, nahgst ok bi Schluck un Beer.
Anner Morgen:
Rieko un Fidi harrn good slapen. Rieko keem in

61

Achterflur un reep: „Fidi, wat rückt hier so komisch? Un wat rumpelt daar so? Hörst du dat ok?"Do we Rieko all ünnerwegens in d` Garaasch: „Wi hebbt de Weckpott vergeten! De Weckpott mit de Stiekelbeejen is anbrennt!" Se look de Pott van de Plaat torüügg un stell de Ovend af. „Ick mach gar nich in de Pott kieken. Dat is aver all egal. Wat hebbt wi Glück hat, dat uns dat ganze Huus nich boven Kopp afbrennt is! De Wecker hett güstern avend woll nich luut genoog pingelt. Ick hebb de nich höört oder du?" „Ne ick ok nich. Nu sünd mien moi Stiekelbeejen seker nix mehr wert un ick mach de doch so geern." Jaul Fidi al wedder rüm. „Wat wullst du nu lever: fief Glas Stiekelbeejen oder een afbrennt Huus?" Rieko harr al wedder Börberwater.

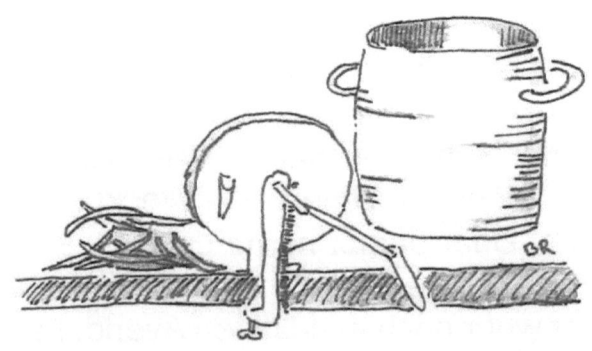

Fidi in 't Krankenhuus

Fidi harr siet länger Tied immer so 'n Pien un Trecken in 't linke Kneei. He dokter daar al 'n paar Week sülvst wat mit rüm, smeer daar immer wedder Peersalv up, aver veel helpen wull dat ok nich. He weer nettso wittsnutig as en nöchtern Kalv. Dat gung so lang good, bit Rieko sien Jöselee nich mehr uthollen kunn un hüm na 'n Knakenbreker henstüren dee.

De see aver glieks, dat daar nix utnanner weer, sünnern dat dat totaal versleten weer. „Daar musst du mit na 'n Knakendoktor." „Oh nee, oh nee!", stöhn Fidi. Nu gung dat flott. Rieko besörg hüm en Termien un twee Daag later weer Fidi al in Auerk bi d` Speziaaldoktor. Nu weer 't wat. Fidi weer in sien ganz Leven noch nich richtig krank ween un nu schull he glieks daarblieven, in 't Krankenhuus. Wat en Elend! De Swester bi d` Upnahm weer ganz nett, aver wat de all van hüm weten wull, daar weer 't Ennen van weg. Of he al maal in 't Krankenhuus ween harr, wennehr he geboren weer un waar he geboren weer un waarüm, un so wieder. Fidi weer al richtig rammdösig in d` Kopp.

Nu nehm se hüm glieks mit to Dörlüchten. Daar wurren Biller van all Sieden van sien Kneei maakt. Daarna wies se hüm sien Stuuv to, waar he sük de nächst Daag uphollen schull. Daar leeg al en

Patient, de sien Been in Gips harr, aver ok Platt snacken dee. Dat weer al veel weert för Fidi. Namiddags keem de Doktor un vertell hüm, wo `t annern Dag daar bilang gahn schull. Fidi kreeg bold ganz Nacht kien Oog in d` Klink, so hibbelig un nervöös weer he. Fröhstück geev `t ok al gaar nich mehr, dat lohn sük för hüm woll nich mehr, glieks af in den Operationssaal un rup up d` Disch. Daar stunnen se nu all paraat un freuen sük seker, dat se weer `n Opfer funnen harren, de Doktors, Swesters un Plegers. Mesten weren seker ok al slepen. „Weer ik hier doch bloß nich herkomen", dach Fidi so bi sük. „Aver nu is dat to laat."

Ganz bedüseln schullen se hüm aver nich. Fidi wull genau weten, wat daar passeren dee. Neeisgierig weer he ja doch en beten. He kreeg en „Rückenmarksnarkose". Na `n paar Minüten wurr he al lennenlahm.

Nu gung `t los, een Doktor teken an un den annern smeet Kreissaag in d` Gang un daarmit gier de man so in Fidi sien Kneei rin. Dat weer `n Snieden, Snippeln un Tupfen as wenn `t ganz kien Ennen nehmen schull. Bloß sehn kunn he nich recht wat, de wuseln all wat för hüm rüm.

Dree Stünnen hett dat woll düürt, bit de Doktor an Fidi see: „Die Operation ist gut verlaufen, wir haben Ihnen ein neues Kniegelenk eingesetzt, ein sogenanntes Schlittengelenk."

„Oh!", see Fidi. „Denn kann ik ja nu ok in d`

Sömmer mit mien Rieko Slee fahren."
De Doktors smüüstern sük een. „Typisch Ostfriese."
Na dree Daag keem al de Massörin un gnubbel Fidi sien Knee richtig dör. Dat dee `n beten sehr, aver wiel dat ja so `n mooi Deern weer, kunn he dat woll uthollen. Bi de Visiete meen de Doktor, dat Fidi al bold wedder na Huus hen kunn. Aver dat wull he noch gaar nich. „Ihnen gefällt `s hier wohl?", see de Doktor. „Nee, dat kann man jüst nich seggen, aver in Huus sünd de Bohnen riep un wiel ik ja noch nich veel lopen kann, kriggt mien Ollsch mi seker glieks bi d` Bohnen to splieten, snippeln un upriegen un dat mach ik överhoopt nich doon." „Naja, bis nächste Woche müssen Sie noch wohl hier bleiben." „Oh, dat is good, schall ja Regen geven un denn hett mien Froo de Bohnen seker all an d` Sied."
Aver as Fidi anner Week wedder na Huus keem, harr Rieko al en groten Ballje vull Bohnen för hüm paraat stahn, to splieten, snippeln un upriegen. - So `n Schiet!

Poggenstöhl söken

Dat is nu al`n poor Johr her, domaals we ik noch Soldaat bi de Nachsschub-Staffel /Waffenschule der Luftwaffe 10, dor gung ik morgens vör Deensttied faken in een lütt Buschstück achter de Hall W2. Hermann gung meestens mit mi, denn to de Tied gehft dor noch veel Poggenstöhl (Pilze), de wi gern söken den. Wi funnen dor Bruunkappen un av un to ok Barkenpilze.

De smuken besünners lecker un wi leten se uns middaags tosamen immer good munden. No `n poor Daag harren wi al `n fixen Blick för jede Verännerung, dor seegen wi morgens, een ganzen hügeligen Baarg, wor`n Daag fördem noch`n lütten Kuhl ween harr.

Wi nehmen de Stee glieks ganz genau in Ogenschien un ünner veel Twiegen un Moos keem dor en Fatt mit dartig Liter Jever Pils to´n Vörschien.
„Paß good vör den Riesenpilz up, ik hol flink uns Handwagen," see Hermann un weg we he. So flink as an dissen Daag harr ik hüm noch nie sehn, denn no en poor Minuten we he al wer dor. Wi hebbt dat Beer upladen un bi „Annohm un Verschick" sekerstellt. Dorno wurd uns NschOffz Bescheed seggt. He kunn dat ganz Spektakel nich

so Recht glöven, see aver dat wi dat Fatt Beer in de UHG (Unteroffiziersheim) tüschen logern schullen. Nu stund för uns een Fraag open: „Wor kummt de „Dartig-Liter-Pils" her???"
Bi uns Naforschungen wurr `n wi flink wat gewahr, denn avends vörher we in Hall W2 en grood Fest mit Amerikaners, de hier up Komando werrn, fiert worden. Dat we de eenzig Mööglichkeit wor dat Fatt herkomen kunn. Up uns vörsichtich Nafragen, wull oder kunn, uns nümms watsergen. Un of en Beerfatt weg we, dat wüß ok nüms. Uns warr`t egentlich ganz recht, denn as no ungefähr dree Week noch immer kien Fatt vull Beer vermisst wur, hebbt wi n grood Grillfest fiert, un dor gehft natürlich satt Freebeer.

Ok hüdigendags söök ik noch immer gern „Pilze," aver so`n lecker „Pils" as domaals hebb ik biet vandaag noch nicht wer funnen.

Draken stiegen laten

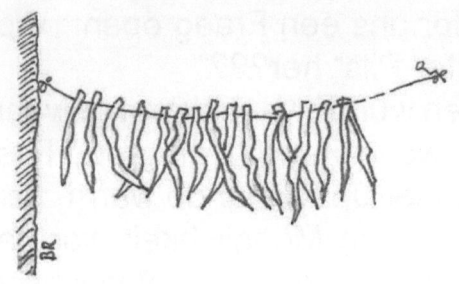

As ik güstern uns Naverskinner sehn hebb, wo se hör Drakens stiegen leten, do muß ik mi wunnern, wat dat all vör mooi Drakens gifft.
Een seeg ut as en Adler, de anner harr 'n Figur as en Düsenjager. Un dat ok noch ut Plastik mit Siedendook bespannt, mit twee Snoren, de heten Stüürdrakens un flogen ok noch daar hen, waar se hen schullen. Do muß ik an mien Kinnertied denken, as wi uns Drakens noch sülvst boen deen. Man wat weer dat för en Arbeid. Eerst gungen mien Bröör Erich un ik no den Dischler un frogen no en paar Liesten. Wi harren Glück, denn wi kregen welken ümsünst.
Jetzt gung dat los, dat boen harren wi al buten d`Kopp. Eerst de Liesten to en Krüüz tosamen hauen un Hüselband üm de buterste Enn van dat Krüüz spannen. Denn holen wi van Buur Gerdes en losen Swienmehltuut, trennden de enkelt Schichten mooi utnanner un moken dat Papier fein glatt. Hierna muß ik (ik weer de lüttst, ik muß immer lopen) Opa`s grood Schoopscheer holen,

68

denn de weer erbarmelk scharp.

Nu wurr dat Krüüz up dat Swienmehlpapier leggt, un Erich sneed dor üm to. Ik passde up, dat nix verrutschen dee. As dat Tosnieden doon weer, do muß ik weer los un Kliester besörgen. Eerst bün ik no Vader gahn un hebb hüm fraagt, of he nich en beten Kliester för uns harr, doch he se: „An besten kleevt Snött un heet Aasch", man dat wull mi nich so recht in d` Kopp.

Moder, de wuss Raad. Se see: „Nehmt man Weitenmehl un Water, dat kleevt ok", un recht good, dat gung.

Nu noch de Steert, wi nohmen twee Meter Band, un all dree Handbreed wurren daar Papiersleifen anmaakt. Uns lütt Süster leep al de ganz Tied mit de Tuschkasten rüm, se wull den Draken en moojen Uulenspegelgesicht malen.

As dat kloor weer, fehlde uns noch Hüselband, aver dat weer kien Problem. Wiel ja Harvsttied weer, ween Moder un Oma bi d` Bohnen. Daarr kunnen wi uns woll en paar Rullen Bohnenband stiebitzen, daarmit dat ennelk losgahn kunn.

Nu weer dat sowied, de eerst Start. Ik hull den Draken fast un Erich rönnde, wat dat Tüg hollen kunn, aver dat weer nix, denn ik harr up de Steert trappelt un de Steert weer af. Nu, de Steert weer d`r flink weer an, un nu nochmaal, un recht un good, he gung hoog! He wurr al ganz lütt, doch swuppdiwupp sloog he Saltos un haude mit de

Kopp in d' Grund. Erich se bloß: „Steert to licht!"
Dat anner Maal weer de Steert to swaar, denn
weer to licht, un so is uns dat noch faken gahn.
Aver wi hebbt dat uplesd doch noch togang
kregen. Nu stunn uns Draken hoch över uns
Huus. Ik glööv, daar hett he en paar Daag lang
stahn.
Wat hebbt de Kinner dat vandaag doch eenfach,
wenn se en Draken stiegen laten willt.

Neei Nabers

Rieko harr egentlik ganz kien Tied. Weer

Maandag un se muss na ehr Häkelbüdelee, man dit Ereignis wull se sük ok nich entgahn laten. Daarto weer se veels to neeisgierig un so harr se tokomend Week ok wat to vertellen. Man mööt sien Chancen nützen.

Ehr neei Naberske Traute nöög to en Adventsnamiddag. Se weren daar ja eerst hentrucken un wullen sük bi de Froolüü vörstellen. De neje Familje weer in Akelsbarg wat ungewöhnlich. Traute un ehr Kinner weren Düütschen, man se weer dat tweede Maal verheiraadt mit Ahmad, en Perser. Rieko weer daar noch nich binnen ween un nu ganz gespannt, wo dat daar woll utseeg. Düütsch un persisch - wo passt dat binanner?

Rieko beraadslaag sük mit ehr anner Nabersfroolüü, wat man daar denn woll mit hennehmen kunn to 'n Inzug. „Ik bün de Menung, wi sullen ehr en mojen oostfreesken Körv packen mit Tee, Kluntje, Swaartbrood, Botter un en Mettwurst. Villicht passt daar ok noch en Blööm bi in." Rieko dach, se muss de „Utlänners" wiesen, wat bi ehr eten wurr. „Of dat so dat Richtige is? En betern Idee hebb ik aver ok nich." Gesine harr ok an 't Överleggen ween. Frieda un Trudi nickkoppden daarto. „Denn laat uns man graad inkopen un de Körv torecht maken. Üm dree Ühr söölt wi ok ja al daar wesen." Mitnanner wurr van

71

allens inköfft un en mojen Wiehnachtssteern geev dat bovenin.

Namiddags Klock dree moken sük de veer Froolüü mitnanner up `t Padd üm ehr neei Nabers to begröten.

Blied empfung Traute de veer. Överrascht nehm se den Körv mit de Oostfreesk „Spezialitäten" in Empfang. „Wi dachen uns, so en Körv mit Leckereen van hier kunn jo villicht Spaaß maken." Mit de Wöörd övergeev Rieko ehr Gaav. „Ja, besten Dank. Wi drinkt geern Tee un en Stück Swartbrood mit Mettwurst is ok lecker. Den Wiehnachtssteern passt good up mien Fensterbank. Ik hebb dit Jahr ok noch ganz kien. Nu koomt man graad rin. Ik hebb de Teedisch al deckt. Dat harr noch Knippkoken un anner lütt sülvstbackt Koken geven schullt. Aver de Ümzugskartons luurden ok up `t Utpacken. Daarum gifft 't vandaag Roodwienkook. Ik hoop, ji eet all so wat?" „Ja, de smeckt lecker. De hebb ik ok al faken backt un du doch ok al, nich Rieko?", leet Trudi sük hören. „Ja, de mach Fidi so geern. Hest du daar ok Rosinen in?", froog se glieks. „Ik haal Tee un Kook un denn köönt ji proberen. Sett jo man eerst daal. Hier in d` Stuuv is dat ganz gemütlich."

De Froolüü gungen in de best Stuuv un keken üm sük to. Dat weer en ganz nobeln Schietkraam hier. Daar harr nüms mit rekent. Hier geev dat kien

Küssens, waar se up sitten mussen un nix, wat frömd för ehr weer. Daar brenn en Adventslucht up d´ Disch, Teetassen un Kokentellers luren up de Gasten. Sogaar Besteck mit Oostfresenmuster leeg paraat.

„Tee is glieks klaar. He mööt noch even trecken. He hett dat ja nich so good as Koffje", versöök Traute en Jux to maken. „De dröfft sük ja setten. Ik haal noch graad de Kook. Doot jo man Zucker in d` Tass." Dat düür man even, do keem Traute mit d` Kook un d` Teepott üm d` Eck. Se goot jeder Tee in ehr Tass un legg en Stück Kook up d` Teller. „Nu laat jo dat good smecken. Ik freu mi, dat ji komen sünd un noch maal besten Dank för de

73

Körv!" „Wat is dat `n leckern Roodwienkook. De smeckt noch beter as mien, un `n leckern Tee hest du ok maakt. Hest du frömd Gewürzen daar in?" „Nee, de hebb ik so backt as immer, mit Punsch. Ik würz de woll noch wat na, aver bi mi smeckt de immer so."

Mit de Tied kemen se ok up de Herkunft van ehr Mann to snacken. Dat weer nu ja Riekos Thema: „Wenn de Perser is, waar hest du de denn kennenlernt?" „Ik wohn do in Auerk mit mien dree lütt Kinner. Mien eersten Mann weer ik van schedd. He meen, he muss wat Jüngers hebben. Aver dat sünd old Geschichten. Daar is Ahmad mi eenfach so över d` Weg lopen. Wi dropen uns immer wedder, wenn wi na d` Arbeid gungen. Irgendwennehr sünd wi denn maal hen ween to Eten un so hett sük dat entwickelt."

„He is en ungewöhnlichen Mann. Dat hebbt wi ok al murken. In uns Naberskupp is he al positiv upfallen. Platt snacken versöcht he ok. Dat klingt ut sien Mund woll wat frömd. Daar wehnt wi uns aver an. Ahmad sütt överall Arbeid un packt ok to. Bloß mit den Gloven, he is doch Moslem un du Christin, wo löppt dat daar denn? Wiehnachten gifft dat ok doch nich? Dröfft he denn Swienfleesch eten?" Frieda wohn stuuv an ehr un harr al mehr mit hüm in `t Woord ween. „Ahmad ett woll kien Swienfleesch. Aver wenn ik irgendwat kook, waar Swienfleesch inhöört, denn verzicht he up dat Fleesch. Mien Kinner un ik eet dat aver. Un to Wiehnachten gifft dat en ganz nüdelken Geschicht: Dat weer dat eerste Wiehnachten, at wi binanner weren. Mien Kinner weren noch lütt un luren up den Wiehnachtsmann. Ahmad geev sük all Müh, Wiehnachten vörtobereiden. Good över de düütsch Traditionen informeert un nett as wi dat wennt weren, geev dat Kartuffelsalaat mit Wursten. Na dat Eten mook Ahmad stolt de Döör van uns Wiehnachtsstuuv open. All weer wiehnachtlich smückt - aver daar leeg kien eenzig Geschenk ünner den Boom! Mien Kinner wurren kriedewitt. As den lütten Michael na de eersten Tranen up `t Schapp wat to seen kreeg, muss ik lachen. Daar harr mien Ahmad Oostern mit Wiehnachten verwesselt un all Geschenken verstoken! Wi hebbt eerst maal düchtig lacht, hüm denn aver upklärt. Ahmad weer al ganz trurig. He harr dat doch so good meent. An dissen Heiligen Avend harren wi aver besünners veel Spaaß bi de Bescherung!"

„Daar kann man aver doch an sehn, dat he sük ganz besünners veel Müh mit de Traditionen un dat Leven in Düütschland maakt hett. Ji söölt uns van Harten willkomen ween! Hopentlich föhlt ji jo woll in dat neje Tohuus. Gemütlich is dat man eenmaal!"

Gesine un ehr Fründinnen weren sük eenig.

De leev Nikolaus

Anna un Tina kemen nu in dat Öller, waar man nich so recht wuss, wat man van bestimmte Saken so hollen schull. Dat weer nu de Saak mit den Nikolaus, geev dat een oder nich? Helga, ehr Moder, harr ganz anner Sörgen. Se arbeidde in en Autohuus in 't Büro un wuss nich, waar se dit Jahr en Sünnerklaas herkriegen schull.

De lest Jahren harr Gerd dat immer maakt, aver as he ehr mit en anner Froominsch bedrogen harr, weren se utnanner gahn un he weer wegtrucken.

In d' Harvst harr de Firma en nejen Meister in de Warkstee instellt. As de van ehr Probleem hören dee, weer he glieks paraat as Baartenkeerl intospringen. He weer nett, un se funn hüm ok ganz sympathisch. Se dropen sük bold jeden Avend, üm de Saak to besnacken, ofwoll dat gaar nix mehr to besnacken geev.

Nu keem de sessde Dezember, en kollen, grauen Winterdag. De Kinner weren den ganzen Namiddag bi Oma un Opa ween. As Helga ehr afhalen dee, seeg se al dat Gleuen in de Ogen van ehr Kinner. Se kunnen de Tied bold nich aftöven. In de lest Jahren weer he immer komen, wenn dat düüster werden dee.

As dat nu klingeln dee, rönnen de beid glieks an de Döör un moken open. Daar stunn he nu, en överut staatsken Nikolaus. „Bün ik hier richtig bi

Anna un Tina?", froog de Keerl mit deep Stimm. „Jaaa!", freuen sük de Kinner. Mit veel Spaaß stunn de Nikolaus de Twillings Reed un Antwoord. He höör sük ehr Gedichten un Vertellsels an, keek aver ok immer weer na Helga röver. Nadeem de beid Kinner ehr Geschenken kregen harren, schick ehr Moder ehr in d' Kinnerstuuv to utpacken. Se muss noch wat mit de Nikolaus besnacken.

Tina, de aver düchtig neeisgierig weer, sleek torügg un keek in d' Stuuv dör `t Slötellock. „Na, tofree?", froog de Nikolaus so sinnig, dat de Kinner dat nich hören deen. „Ganz düchtig. Ik weet gaar nich, wo ik dat weer good maken schall, Andreas!" „Ik woll!", meen he smüüsterlachend.

Nüms harr murken, dat Tina an dat Slötellock luren dee. Bloß wat se daar to seen kreeg, dat wull ehr nich in d' Kopp. Se dreih sük üm un suus in d` Kinnerstuuv rin. „Du, Mama un de Nikolaus, de küsst sük!" „Och, du spinnst", see Anna un speel

77

wieder mit ehr Geschenken. An de darde Advent harr Helga Oma un Opa inladen to Tee, Koffje un Stollen. As se al düchtig an `t Snacken un Vertellen weren, klingel dat an de Huusdöör. Helga mook open un keem mit Andreas weer rin, de se as ehr Kolleeg vörstellen dee. „Machst du Tee of Koffje, Andreas?" froog Helga, as he an d' Disch Platz nomen harr. „De Nikolaus, de bi uns weer, de heet ok Andreas un he hett Mama küsst!", see Tina. Nu weer `t tomaal muusstill. „So, hett he dat", smüüster Opa. Helga kreeg bi `t Tee naschenken en knallroden Kopp. Andreas smüüster ok un beet in den leckern Christstollen. Nu gung ok Tina en Lucht up! Dat weer de Sünnerklaas ween. Daar mussen se sük nu seker an wennen. He schien ja `n ganz netten Kerl to ween, un Mama much hüm ja ok woll ganz geern lieden. Villicht kunn he ja mit de Tied, wenn he sük veel Müh geev, ehren Papa, de se immer noch vermissen deen, ersetten.

Wiehnachten bi Rieko un Fidi

De Dagstied is weer lüttker un Wiehnachten steiht al meest vör de Döör.

In de Koophüüs geiht dat al wekenlang, man höört van morgens bit avends bloß noch Wiehnachtsleder. Bi Rieko un Fidi to Huus geiht dat all `n beten sinniger to. Rieko, de fangt in de Nasömmer al an to kieken: „Dat kunn woll wat för uns lütten Enkel Jan ween, dat för uns Kinner un dat för Oma un Opa." So sammelt sük de Geschenken bit Anfang Dezember an, un se bruukt sük kien Wiehnachtsstress maken. Bloß Fidi kriggt dat nich so recht hen. Jedet Jahr mutt he dree Daag vör Wiehnachten noch los un wat Mojes för sien Froo besörgen.

Ehren Dannenboom harren se ok al utkeken un mit Band antekent, daarmit nix mehr scheev gahn kunn. Bloß as de vör Wiehnachten levert wurr un upstellt werden schull: Man, wat weer dat för en Struppi! Wat harren se sük daar denn bloß utsöcht? Överall fehlden Tacken. Se kunnen hüm dreihen as se wullen, he wurr nich mojer. Nu harr d'r en Uul seten! Wo nu? Fidi hool dat Broodmest ut d' Köken un gung mit `n vergrellten Kopp in `n Tuun. Daar säbel he en paar Dannentacken af un pass de denn in ehr Wiehnachtsboom in. Nu man noch de Bohrmaschien her, Löcker in d' Stamm bohren un de Tacken insetten. Dat wurr en mojen

Boom un he drüff denn ok in d' Stuuv rin. Dat Utstafferen un Dekoreren övernehm immer Rieko. Oh, wat harren se nu för en mojen Wiehnachtsboom! Nu noch de Paketen ünner d' Boom un denn kunn `t Wiehnachten werden.

An den Heiligen Dag namiddags na `t Teedrinken gung dat in d' Kark. Dat weer för ehr mit dat Wichtigst van Wiehnachten. „Wenn man denn in de Kark rinkummt un de ganze Kark is mit Keersen utlücht, denn word een doch ganz anners üm dat Hart", meent Fidi. De Kark is an so en Avend immer brekend vull, un wenn denn de Pastoor de Wiehnachtsgeschicht vertellt: „Es begab sich aber zu der Zeit ...". „As Maria un Josef

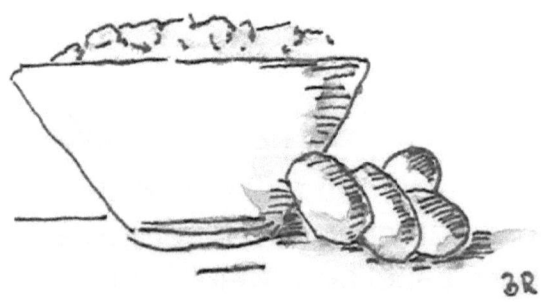

in Bethlehem in en Schaapstall dat Christkind kriegen schullen un de Engel de Scheepkers up `t

Feld na d' Stall henwiesen dee, do weer de Heiland geboren." Wenn denn to de Posaunenchor dat Leed van de Stille Nacht anstimmt wurr, denn murken de beid Ollen: „Nu is `t Wiehnachten."

Am leevsten lepen se na de Karktied mit de ganz Familie dör d' Sneei weer na Huus. Daar geev dat jede Jahr Kartuffelsalaat un Wursten. Na `t Eten wurr flink mitnanner afrüümt un de Keersen an de Boom wurren anstoken. De lütt Jan harr noch en old Gedicht instudeert un segg dat nu up: „Kiek ins, wat is de Himmel so rood! Dat sünd de Engels, de backt dat Brood, de backt de Wiehnachtsmann sien Stuten för all de lüttjen Leckersnuten.Nu gau de Tellers unner 't Bedd un leggt jo hen un west recht nett! De Sünnerklaas steiht vör de Döör, de Wiehnachtsmann, de schickt hum her.
Wat de Engels hebbt backt, dat söölt ji probeern, un smeckt jo dat good, so höört se dat geern, un de Wiehnachtsmann smüüstert: „Nu backt man mehr!" Och, wenn 't doch man eerst Wiehnachten weer!"

Nu wurr de Wiehnachtsmusik anmaakt un de Bescherung kunn losgahn. Daarmit dat Utpacken nich so flink gung, wurren de Gaven utknobelt. Well en Sess würfeln dee, drüff en Pakeet ünner d' Boom weghalen un anners een beschenken. Well en Een knobeln dee, drüff utpacken, wenn he al wat harr. Dat kunn ok woll maal angahn, dat daar bloß Kleikraam inpackt weer un man sien Geschenk buten oder in d' Garaasch bewunnern muss, wiel dat en beten grötter utfallen weer un nich ünner d' Wiehnachtsboom passen dee. So truck sük dat bold twee Stünnen hen. Oh, wat weer dat spannend! Jeder kreeg dat, wat he sük al lang wünscht harr oder af un to ok nich ... So, as dat mit de Wiehnachtsgeschenken nu maal so is. Nu luren Rieko un Fidi al gespannt up ehr Wiehnachtsbesöök, de ehr „mit insett Tacken mooi maakten Wiehnachtsboom" bewunnern schullen.

Nu geiht dat lecker wieder!!!

Nu kummt all dat vör d` Lief –

De Rezepten

Jeden Geschicht hett een Bild und
to jeden Bild hört een Rezept.

Jägerschnitzel mit Pommes frites

4 Schwiensschnitzel
3 Eier
   Paniermehl
   Solt, Peper, Paprika
   Margarin ton braden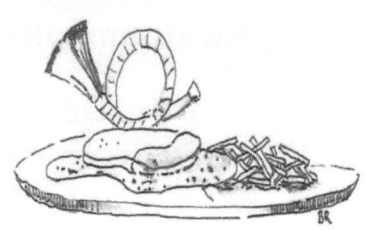

3 lütt Ds. Poggenstöhl
2 lütt P. Instantbratensosse

1 kg TK – Pommes frites

De Schnitzel `n beten klopen un döör de mit de
Gewürzen verschlaan Eier trecken. Denn in
Paniermehl wenden. Nu bi Middelhit langsaam
braden.

De Poggenstöhl in en Pott to`n koken bringen,
mit de Bradensooß binden mit wat Peper
afschmecken.

De Pommes frites no Anleitung torecht maken.

Allns tohoop anrichten, daarto paaßt no
Röstzwiebeln.

Jägerschnitzel mit Pommes frites

4 Schweineschnitzel
3 Eier
   Paniermehl
   Salz, Pfeffer, Paprika
   Margarine z. Braten

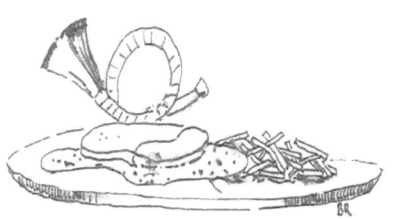

3 kl. Ds. Pilze
2 kl. P.   Instantbratensosse

1 kg TK – Pommes frites

Die Schnitzel leicht klopfen und durch die mit den
Gewürzen verquirlten Eiern ziehen, anschließend
in Paniermehl wenden. Bei mittlerer Hitze
langsam unter Wenden gar braten.

Die Pilze in einem Topf zum Kochen bringen, mit
Bratensosse binden und evtl etwas Pfeffer
abschmecken.

Die Pommes frites nach Anleitung zubereiten.

Alles zusammen anrichten.
Dazu passen Röstzwiebeln.

Steekröben

750g – 1 kg Steekröben (TK oder frisch)
750g   Kartuffels
1   Schwiensteert
2   Pootjies
2   (Nieren)   oder blooß
1 Schief   döörwussen Buukfleesch un
4   frisch Kookwursten
            Solt, Peper

Fleeschwaren meeist gaar koken un denn de
schielt, de in Striepen schneden Steekrööv un de
schielt Kartuffeln, genauso lütt schneden daarto
geben. Mit Solt un Peper würzen. Dat Fleesch ut
Pott nehmen un denn de Steekröben mit
Kartuffels stampen. Düchtig mit Solt un Peper
afschmecken.

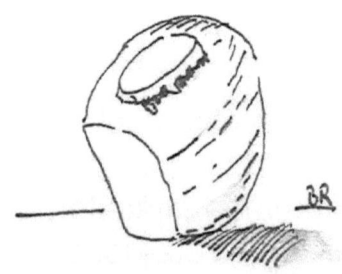

Steckrüben

750g – 1 kg Steckrübe (TK oder frisch)
750g   Kartoffeln
1   Schweineschwänzchen (Steert)
2   Schweinepfötchen (Pootjies)
2   (Nieren)   oder
nur
1 Scheibe   durchwachsenes Bauchfleisch und
einige   frische Kochwürste
              Salz, Pfeffer

Fleischwaren fast gar kochen und dann die
geschälte, in Streifen geschnittene Steckrübe
und die geschälten Kartoffeln, ebenfalls
kleingeschnitten hinzufügen. Mit Salz und Pfeffer
würzen.
Das Fleisch aus dem Topf nehmen und dann das
Gemüse stampfen. Kräftig mit Salz und Pfeffer
abschmecken.

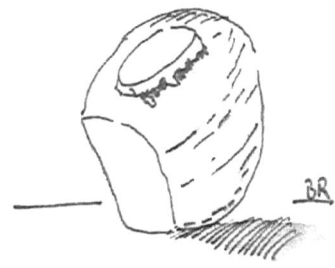

Arvensopp

500 g Arven (drööggt)
4   El drööggt Soppengewürz
Soppenfleesch no Wohl (Schwien oder Rind)
4 dick Kartuffels
        Solt, körnd Brühe
Wursten no Geschmack

De Arven över Nacht inweeken. Dat Inweekwater afgeten un denn mit dat Soppenfleesch un dat Soppengewürz gaar koken. Kartuffeln schielen un würfeln, in en extra Pott gaaren. De Hälft van de Kartuffeln stampen un denn mit de Arvenbrühe mischen. Mit Solt un Brühe afschmecken.
Daarto gifft dat de heet Wursten un dat Fleesch.

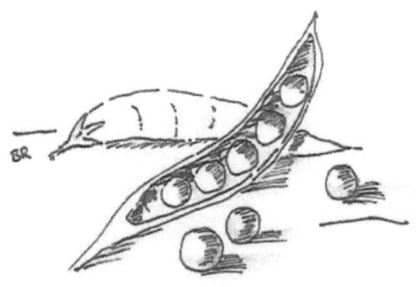

Erbsensuppe

500g Erbsen (getrocknet)
4 El getrocknetes Suppengewürz
Suppenfleisch nach Wahl (Schwein oder Rind)
4 dicke Kartoffeln
           Salz, gekörnte Brühe
Würstchen

Die Erbsen über Nacht einweichen. Das
Einweichwasser abgießen und dann mit dem
Suppenfleisch und dem Suppengewürz gar
kochen. Kartoffeln schälen und würfeln, in einem
extra Topf garen. Die Hälfte der Kartoffeln
stampfen und dann mit der Erbsenbrühe
mischen. Mit etwas Salz und gekörnter Brühe
abschmecken.
Dazu die heißen Würstchen und das Fleisch
servieren.

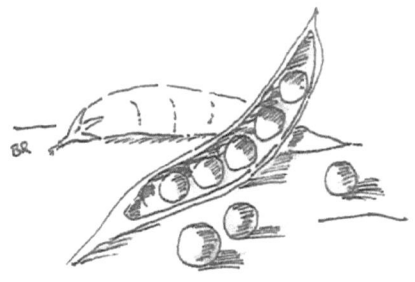

Kotelett

4 Kotelett
2 Eier
  Paniermehl
  Margarin ton braden
  Solt, Peper, Paprika

De Koteletts en beten kloppen un döör de mit de Gewürzen verröhrt Eier trecken un denn in Paniermehl wenden. Nu bi Middelhit langsaam braden.

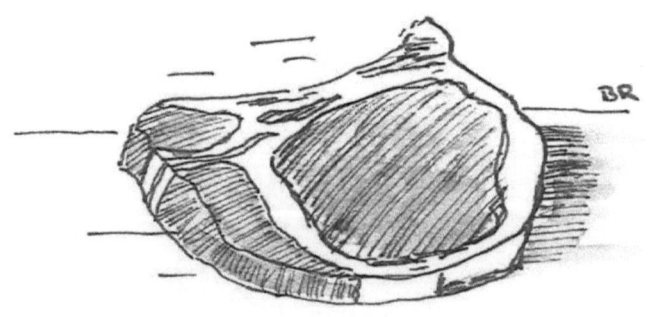

Kotelett

4 Kotelett
2 Eier
  Paniermehl
  Margarine z. Braten
  Salz, Pfeffer, Paprika

Die Koteletts leicht klopfen und durch die mit den
Gewürzen verquirlten Eiern ziehen.
Anschließend in Paniermehl wenden. Bei
mittlerer Hitze langsam unter Wenden gar
braten.

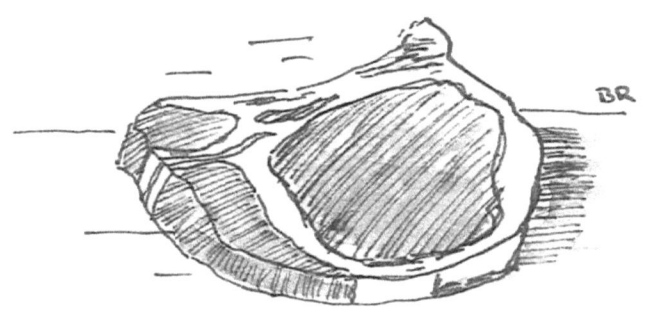

Frikadellen

500 g Hackfleesch
2   Eier
1   Brötchen van güstern oder
en beten Paniermehl
2 TL Mustert
1   Schalott
       Sold, Peper, Paprika, Chili
       Mogerrin to `n Braden

Dat Brötchen in warm Water inweken, utdrücken
un denn to dat Hackfleesch geven. De lütt
schneden Schalott daarto doon. Düchtig würzen
un döörmengen. Tennisball groot Klopsen
förmenun in Mogerrin bi nich to stark Hitt
rundherüm gaar braden. Frikadellen passt to
verscheeden Gemüüs aver ok to Kartuffelsalaad
oder Pommes Frites.

92

Frikadellen

500 g Hackfleisch
2   Eier
1   Brötchen vom Vortag oder
etwas Paniermehl
2 Tl   Senf
1   Zwiebel
      Salz, Pfeffer, Paprika, Chili
      Margarine zum braten

Das Brötchen in warmes Wasser einweichen,
dann ausdrücken und zu dem Hackfleisch
geben. Die Zwiebel fein würfeln und ebenfalls
hinzufügen.Kräftig würzen und gut durchmengen.
Tennisballgroße Klöpse formen und in Margarine
bei nicht zu starker Hitze rundherum gar braten.
Frikadellen passen zu verschiedenen Gemüsen
aber auch zu Kartoffelsalat oder Pommes frites.

93

Botterkoken

Deeg:
250 g Slagrohm
250 g Zucker
1   Vanillezucker
4   Eier
300 g Mehl
1   Backpulver
1 Pr. Sold
1 TL Zitronenzucker

Belag:
125 g Botter
250 g Zucker
1   Vanillezucker
4 EL Melk
200 g Mandelstiften

Slagrohm, Zucker, Vanillezucker un Eier good verröhren. Mehl un Backpulver mischen un mit Sold un Zitronenzucker ünnerheben. Den Deeg up en infett Backblick strieken un bi 200° C 10 Min. backen.
In de Tüschentied för den Belag week Botter mit Zucker, Vanillezucker un Melk verröhren. Mandelstiften daarto geven. Den Belag gliekmäßig up Kook verdelen un nochmaal bi 200° 10 Min. backen.

Butterkuchen

Teig:
250 g Sahne
250 g Zucker
1   Vanillezucker
4   Eier
300 g Mehl
1   Backpulver
1 Pr. Salz
1 Tl   Zitronenzucker

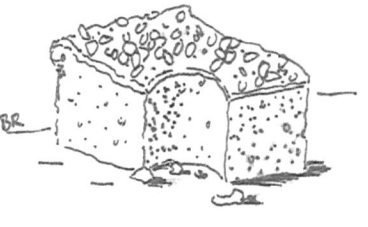

Belag:
125 g Butter
250 g Zucker
1   Vanillezucker
4 El   Milch
200 g Mandelstifte

Sahne, Zucker, Vanillezucker und Eier gut
verrühren. Mehl und Backpulver mischen, sieben
und mit Salz und Zitronenzucker unterheben.
Den Teig auf ein gefettetes Backblech streichen
und bei 200° C 10 Min backen.
In der Zwischenzeit für den Belag weiche Butter
mit Zucker, Vanillezucker und Milch verrühren.
Mandelstifte zugeben. Den Belag gleichmäßig
auf dem Kuchen verteilen, nochmals bei
200° 10 Min.backen.

Holunderbeerengrog

1/3 Holunderbeerensaft mit kokend Water
upfüllen.
Den letzten Pfiff gifft en Schööt Rum!

Holunderbeersaft

Holunderbeeren tosamen mit en poor suur
Appels dampentsaften. Tosamen mit
Gelierzucker
2 : 1 upkoken.
1 l Saft
200 g Gelierzucker

Den Saft un den Gelierzucker 1 Min sprudelnd
koken laten un sofort in heet Buddels füllen un
dicht verschluten.

Holunderbeerengrog

1/3 Holunderbeerensaft mit kochendem Wasser auffüllen.
Den letzten Pfiff gibt ein Schuß Rum!

Holunderbeersaft

Holunderbeeren zusammen mit einigen sauren
Äpfeln dampfentsaften. Zusammen mit
Gelierzucker 2 : 1 aufkochen:
1 l Saft
200 g Gelierzucker

Den Saft und den Gelierzucker 1 Minute
sprudelnd kochen lassen und sofort in die
vorbereiteten Flaschen füllen und verschließen.

Schwarzwälder Kirschtort

5   Eiwitt
1 Pr. Sold
150 g Zucker
5 Eigeel
1 P. Schokolodenpuddingpulver mit Mehl up
150g upfüllen
1   Backpulver

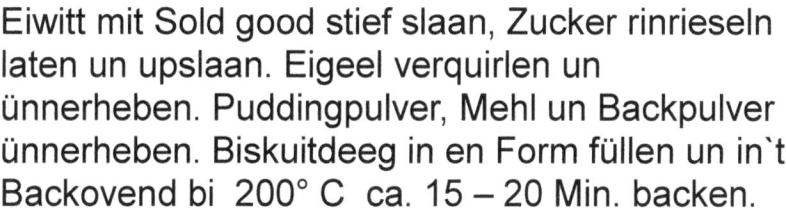

Eiwitt mit Sold good stief slaan, Zucker rinrieseln
laten un upslaan. Eigeel verquirlen un
ünnerheben. Puddingpulver, Mehl un Backpulver
ünnerheben. Biskuitdeeg in en Form füllen un in`t
Backovend bi 200° C ca. 15 – 20 Min. backen.

4 Beker Slagrohm
1 Glas Kirschen
Kirschwater
Schokostreusel

De Rohm stief slaan, de Kirschen afdropen laten.
Den Tortenboden ut de Förm lösen un dree
Bodens daarut schnieden. De ünnerste Schicht
mit Rohm instrieken un den tweten Boden
uplegen. Dissen mit Kirschwater bedrüppeln (!).
Nu düün mit Slagrohm instrieken un de Kirschen
daarup verdelen. Den letzten Boden uplegen. De
Tort rundherüm mit Sahne instrieken un
garnieren mit Schokostreusel un Kirschen.

Schwarzwälder Kirschtorte

5   Eiweiß
1 Pr Salz
150 g Zucker
5 Eigelb
1 P. Schokoladenpuddingpulver mit Mehl auf
150 g auffüllen
1   Backpulver

Eiweiß mit Salz gut steif schlagen. Zucker
einrieseln lassen und aufschlagen. Eigelb
verquirlen und unterheben. Puddingpulver, Mehl
und Backpulver sieben und unterheben. Biskuit-
teig in die Form füllen und im vorgeheizten
Backofen bei 200° Ca 15 – 20 Min.backen.

4 Becher Schlagsahne
1 Glas Kirschen
Kirschwasser
Schokostreusel

Die Sahne steif schlagen, die Kirschen abtropfen
lassen. Den Tortenboden aus der Form lösen und
drei Böden daraus schneiden. Die Schichten mit
Sahne bestreichen und den zweiten Boden
auflegen. Diesen mit Kirschwasser beträufeln!
Jetzt dünn mit Sahne bestreichen, die Kirschen
darauf verteilen. Letzten Boden aulegen. Die Torte
mit Sahne, Streuseln und Kirschen garnieren.

Kalte Pracht (Speckkook)

250 g Palmin
180 g Zucker
100 g Kakao
3   Eier
1 B. Rumaroma

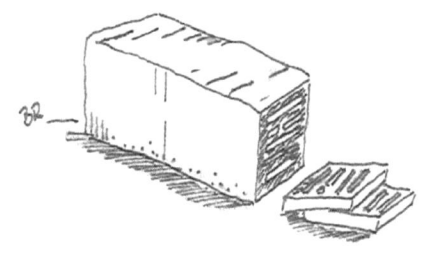

1 – 2 P. Botterkeks

Dat Palmin zerlaten. De anner Todaten
mitnanner verröhren. Nu dat Palmin ünnerröhren.
En Kastenförm mit Pergament utkleden. As
ünnerste Schicht Keksen rinlegen, daarup en
Schicht Schokokrem verdelen usw. bit de Krem
upbruukt is. Dissen Schichtkook afköhlen laten
un denn ut de Förm lösen.

Kalte Pracht (Speckkuchen)

250 g Palmin
180 g Zucker
100 g Kakao
3   Eier
1 Fl.   Rumaroma

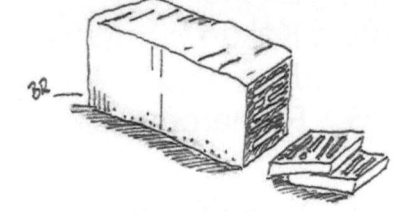

1 – 2 P. Butterkeks

Das Palmin zerlassen. Die anderen Zutaten
außer der Kekse miteinander verrühren. Dann
das Palmin unter Rühren dazu geben.
Jetzt eine Königskuchenform mit Pergament
auskleiden. Als untere Schicht Kekse
hineinlegen, darauf eine Schicht Schokocreme
verteilen usw. bis die Creme aufgebraucht ist.
Diesen Schichtkuchen abkühlen lassen und aus
der Form lösen.

Kartuffelpannkoken

2 kg Kartuffels
1 – 2 Schalotten
4 El Mehl
1 Tl Solt
      Plantenöl

Kartuffels schielen, fien raspeln, ebenso de Schalotten. Mit Mehl un Solt mischen. Nu den Deeg in heeit Öl eetlepelwies goldbruun braden. Daarto paßt Zucker to`n bestreeien oder Appelmuus.

Kartoffelpuffer

2 kg Kartoffeln
1 – 2 Zwiebeln
4 El Mehl
1 Tl Salz
     Pflanzenöl

Kartoffeln schälen, fein raspeln. Ebenso die
Zwiebel. Mit Mehl und Salz mischen. Jetzt den
Teig in heißem Öl Eßlöffelweise goldbraun
braten.
Dazu paßt Zucker zum bestreuen oder Apfelmus.

Röhreier mit Schink

5 – 6 Eier
    Melk
3 – 4 El Mehl
    Solt, Peper, Chili
125 g Schinkenwürfel

All Todaten ohn de Schink düchtig mitnanner verschlaan.
De Schinkenwürfels in en beten Magarin anbraden un denn de Eier daarto geten. De Eier stocken laten.
Daarto schmeckt mi am besten Graubrood oder Schwartbrood.

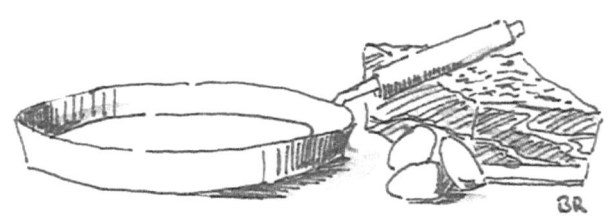

105

Rühreier mit Schinken

5 – 6 Eier
    Milch
3 – 4 El Mehl
    Salz, Pfeffer, Chili
125g Schinkenwürfel

Alle Zutaten außer dem Schinken kräftig miteinander verschlagen.
Schinkenwürfel in etwas Margarine leicht anbraten, dann mit der Eiermasse auffüllen. Die Eier unter leichtem Rühren stocken lassen.
Dazu paßt Bauernbrot oder Schwarzbrot.

Kosakenkoffje

400 ml	Roodwien
80 ml	Wodka
6 El	Krömmelkandis
2 Btl	Glühfix
400 ml	Koffie (heet)

Roodwien,Wodka, Kandis in en Pott heet maken.
Mit Glühfix 10 Min. trecken laten. Gewürzbüdel
ruut nehmen un mit heet Koffje upgeten. Denn
kann daar noch 1 Kaneelstang rinstellt werden.

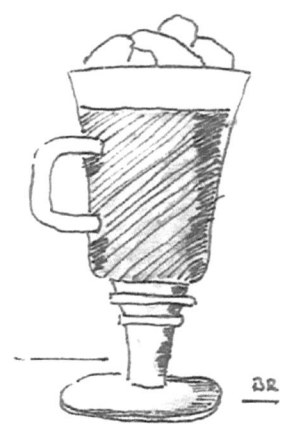

Kosakenkaffee

400 ml Rotwein
80 ml Wodka
6   El Krümelkandis
2   Btl Glühfix

4oo ml Kaffee (heiß)

Rotwein,Wodka, Kandis im Topf erhitzen. Mit
Glühfix 10 Minuten ziehen lassen.
Glühweingewürzbeutel entfernen und mit heißem
Kaffee auffüllen, evtl. 1 Zimtstange hineinstellen.

Irish Stew

1   Buuskohl
1,5kg Kartuffeln
3   Schalotten
500 g Hackfleesch

Den Buuskohl in Striepen schnieden, Kartuffeln schielen un in Schieben schnieden, Schalotten in Ringen schnieden. Afwesselnd mit dat Hackfleesch in en groten Pott schichten. Dat Hackfleesch solten un pepern. De ünnerste un böberste Schicht sull ut Buuskohl bestohn. Na dat Garen een Maal dörröhren un mit Sold un Peper afsmecken.

Irish Stew

1   Weißkohl
1,5Kg Kartoffeln
3   Zwiebeln
500 g Hackfleisch

Weißkohl in Streifen schneiden, Kartoffeln
schälen und in Scheiben schneiden, Zwiebeln in
Ringe schneiden. Abwechselnd mit dem
Hackfleisch in einen großen Topf schichten. Die
Hackfleischschichten salzen und pfeffern. Die
unterste und oberste Schicht sollte aus Weißkohl
bestehen. Nach dem Garen einmal durchrühren
und abschmecken.

Quarkkook

1   kg mogern Quark
3   Eier
240 g   Zucker
125 g   Mogerrin
75 g   Gries
1   TL Backpulver
1   Vanillezucker
1   Zitronenzucker
1   Instantpuddingpulver Vanille
4   Appels oder
1 Glas Kirschen, Pfirsiche....

De Eier trennen un dat Eiwitt to Schnee slaan. All
Todaten ohn dat obst mitnanner verröhren. Dat
Eiwitt toletzt ünnerheben. De half Deegmeeng at
„ Boden in en Springform strieken.
Nu de schielt Appels in lütt Schnitze schnieden
un up den Quark verdelen. De Appels mit Quark
bedecken, mittig to en lütten Bült strieken.
Backen: 200° C
        60 Min.
        10 Min. ruhen laten.

Quarkkuchen

1   kg Magerquark
3   Eier
240 g   Zucker
125 g   flüssige
Margarine
75 g   Gries
1   Tl   Backpulver
1   Vanillezucker
1   Zitronenzucker
1   Instantpuddingpulver Vanille
4   Äpfel oder
1Glas   Kirschen, Pfirsiche....

Die Eier trennen und das Eiweiß zu Schnee
schlagen. Alle Zutaten außer dem Obst
miteinander verrühren. Den Eischnee zuletzt
unterheben. Die halbe Teigmenge als „Boden" in
eine Springform streichen.
Jetzt die Äpfel schälen und in Schnitze
schneiden. Die Äpfel auf dem Quark verteilen.
Die Äpfel jetzt mit Quark abdecken. Den Quark
zum flachen Hügel streichen.
Backen: 200° C
            60   Min.
            10   Min ruhen lassen.

Johannisbeerensaft

Johannisbeeren (Albejen) in en Dampentsafter
entsaften, denn de Saft upkoken mit
Gelierzucker
2 : 1:
1 l Saft
200 g Gelierzucker 2 : 1

De Saft mit den Zucker 1 Minut sprudelnd koken
un sofort in reinigt heet Buddels füllen un dicht
maken.

Johannisbeerengelee

1,5 l   Johannisbeerensaft (Albejensaft)
1   kg Gelierzucker 2 : 1
3 – 4 EL roten Schnaps

Johannisbeerensaft
mit Zucker un
Schnaps no Vörschrift
koken, glieks in heet
utspöölt Glöös füllen.
Mit en Schruuvdeckel
dicht verschluten.

Johannisbeerensaft

Johannisbeeren im Dampfentsafter entsaften, dann den Saft aufkochen mit Gelierzucker 2 : 1:
1 l Saft
200g Gelierzucker 2 : 1

Den Saft mit dem Zucker 1 Minute sprudelnd kochen und anschließend und sofort in gereinigte Flaschen füllen und verschließen.

Johannisbeerengelee

1,5 l   Johannisbeersaft
1   kg Gelierzucker 2 : 1
3 – 4 El Roter Schnaps

Johannisbeerensaft mit
Zucker und Schnaps
nach Vorschrift
zubereiten,
anschließend gleich in
frisch gespülte Gläser
füllen und mit
Schraubverschluß
sofort verschließen.

Schnippelbohnen

2 Pund Schnippelbohnen
2 Pund Kartuffeln
döörwussen Speck

De Schnippelbohnen över Nacht inweken un tüschenin faken maal frisch Water updohn. De Bohnen mit den Speck koken. De schielt Kartuffeln wat lüttker schnieden un daarto daan. Wenn denn de Schnippelbohnen un de Kartuffeln gaar sünd, dat Fleesch ruut nehmen. Nu allens mitnanner verstampen, wat Margarin oder Botter ünnerröhren. Vörsichtig mit Sold afschmecken un mit dat Speck up Disk bringen.

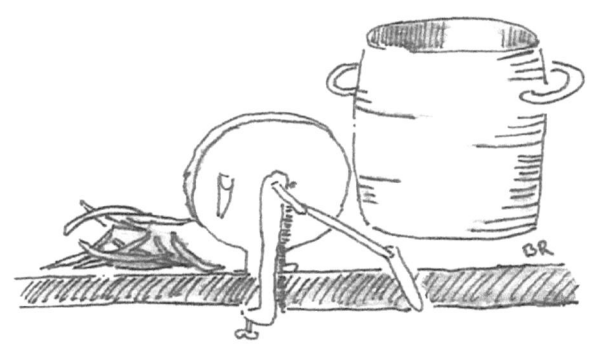

115

Schnippelbohnen

2 Pfund Schnippelbohnen
2 Pfund Kartoffeln
     Schweinebauch

Die Schnippelbohnen über Nacht einweichen
und zwischendurch mehrfach das Wasser
wechseln. Die Bohnen mit dem Bauch kochen.
Dann die geschälten Kartoffeln etwas kleiner
schneiden und hinzufügen. Wenn die Bohnen
und die Kartoffeln gar sind, das Fleisch raus
nehmen. Jetzt alles miteinander verstampfen,
etwas Margarine unterrühren. Vorsichtig mit Salz
abschmecken.
Mit dem Schweinebauch servieren.

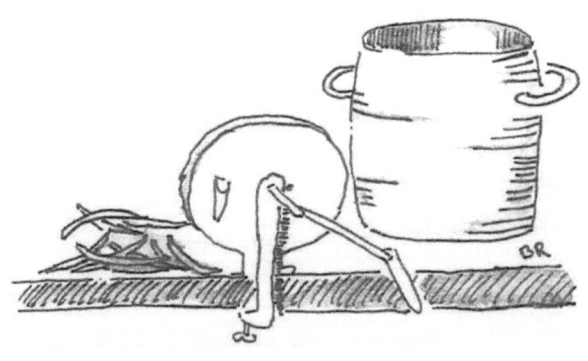

Backen Poggenstöhl mit Ei

400 – 500 g Poggenstöhl
250   g Speck (röökert un döör wussen)
1 – 2   Schalotten
beten   Margarin
1   B Schmand oder Creme fraiche
      Peper
      kört schneden Petersilie no
Geschmack
6 -8   Eier
200   g   reben Kees (Gouda)

Poggenstöhl waschen un kört schnieden. Speck
un Schalotten ebenfalls würfeln, in heet Margarin
anbraden. Poggenstöhl mit daarto doon.
Petersilie un Schmand daar döör röhren un mit
Peper afschmecken. De gaanz Masse in en
Auflaufförm füllen un de Eier daarup schlaan.
Mit Kees bestreen. Backen: 225° C 30 – 40 Min

Daarto paaßt frisch
Mehrkornbrood,
Baguette oder Toast.

117

Gebackene Champignons mit Ei

400 – 500 g Champignons
250   g Speck (geräuchert, durchwachsen)
1 – 2   Zwiebeln
etwas   Margarine
1   B Schmand oder Creme fraiche
             Pfeffer
             gehackte Petersilie n. Geschmack
6 – 8   Eier
200   g geriebenen Käse (Gouda)

Champignons waschen, putzen und in Scheiben schneiden. Speck und Zwiebeln ebenfalls würfeln, in heißer Margarine andünsten. Die Pilze hinzufügen und kurz mitdünsten. Petersilie und Schmand unterrühren und mit Pfeffer abschmecken. Die Pilzmasse in eine gefettete Auflaufform füllen und die Eier darauf schlagen. Mit Käse bestreuen. Backen: 225° C 30 – 40 Min

Dazu paßt frisches Mehrkornbrot, Baguette oder Toast.

Updröögt Bohnen

1 Band updröögt Bohnen
1,5 kg Kartuffeln
750 g Ripp

De Bohnen van dat Band lösen un lütt maken.
Över Nacht inweken. Mit dat Inweekwater
upsetten un afkoken. Nu dat Water afgeten un
mit frisch Water upseten. Nu tosamen mit dat
Fleesch upsetten un gaar koken. De schielt
Kartuffeln uplegen, denn wieder koken un gaar
werden laten. Dat Fleesch ruutnehmen un denn
mit Margarin stampen. Mit Sold afsmecken.
Tosamen mit dat Fleesch servieren.

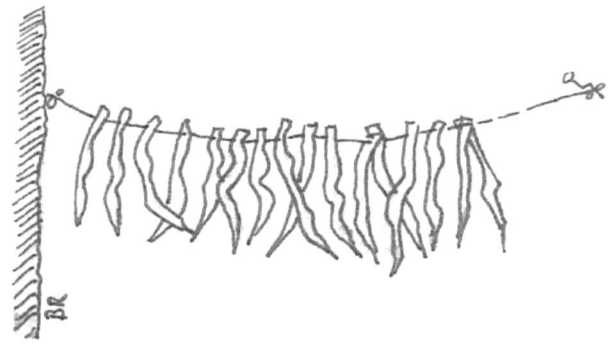

Updröögt Bohnen

1 Band   updröögt Bohnen
1,5 kg   Kartoffeln
750 g   dicke Rippe

Die Bohnen vom Band lösen und zerkleinern.
Über Nacht einweichen. Mit dem
Einweichwasser aufsetzen und abkochen, jetzt
das Wasser abschütten und mit frischem Wasser
aufsetzen. Jetzt zusammen mit der dicken Rippe
garen. Die geschälten Kartoffeln auflegen und
ebenfalls garen. Das Fleisch herausnehmen und
dann mit etwas Margarine schön fluffig
zerstampfen. Mit Salz abschmecken.
Zusammen mit dem Fleisch servieren.

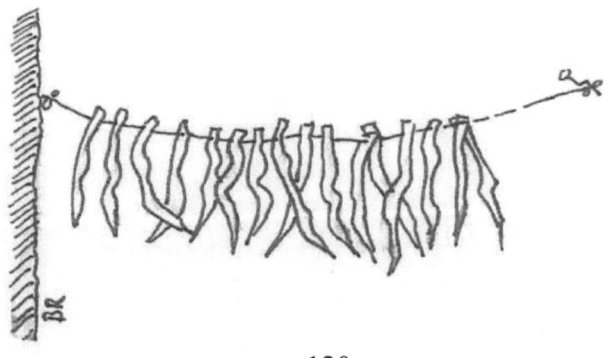

Roodwienkook

250 g Magerrin
250 g Zucker
250 g Mehl
4   Eier
1/8 l Roodwien (Glühwien oder Kinnerpunsch)
½ – 1 Tl Zimt
1 Tl   Kakao
3 El   Schokostreusel
1   Backpulver
1   Vanillezucker
Rosinen no Geschmack

All Todaten mitnanner verröhren un in en
Rodonförm füllen.
Backen bi 175° C 50 – 60 Min.
Den heten Kook mit Zitronenglasur övertrecken.

Rotweinkuchen

250 g Margarine
250 g Zucker
250 g Mehl
4   Eier
1/8 l Rotwein (Glühwein oder Kinderpunsch)
½ - 1 Tl Zimt
1   Tl Kakao
3   El Schokostreusel
1   Backpulver
1   Vanillezucker
 Rosinen nach Geschmack

Alle Zutaten miteinander verrühren und in eine
Rodonform füllen.
Backen bei 175° C 50 – 60 Min
Den noch heißen Kuchen mit einer
Zitronenglasur überziehen.

Feinen Quarkstollen

5oo g Mehl
1   Backpulver
250 g Quark
1   Ei
1   Eigeel
150 g Botter oder Mogerrin
200 g Zucker
1   Vanillezucker
1   Zitronenzucker
375 g Rosinen
2 EL Wienbrand
100 g hackt Hoselnöten oder Mandeln
Botter to `n Bestrieken
Puderzucker to `n Bestrejen

Ut de Deegtodaten en Knetdeeg bereiden un
denn Rosinen,Wienbrand, Nöten oder Mandeln
ünnerarbeiden. Den Deeg dritteln un in
Stollenförm bringen.

Backovendgitter mit Backpapier belegen, daarup
de Stollen verdelen un Alufolie afdecken.
Backen: 150° C 1 Std
Eben för Enn van de Gaartied de Alufolie
afnehmen. Den heten Stollen mit flüssig Botter
instrieken un dick mit Puderzucker bestrejen.
Dat Rezept gifft 3 Stollen van 500 g.
Man kann ok Marzipan mit inbacken.

Feiner Quarkstollen

500 g Mehl
1   Backpulver
250 g Quark
1   Ei
1   Eigelb
150 g Butter oder Margarine
200 g Zucker
1   Vanillezucker
1   Zitronenzucker
375 g Rosinen
2   El Weinbrand
100 g gehackte Haselnüsse oder Mandeln
Butter zum Bestreichen
Puderzucker zum Bestreuen

Aus den Teigzutaten einen Knetteig bereiten und dann Rosinen, Weinbrand, Nüsse oder Mandeln unterarbeiten. Den Teig dritteln und dann in Stollenform bringen.

Backofengitter mit Backpapier belegen, darauf die Stollen verteilen und mit Alufolie abdecken.
Backen: 150° C 1 Std
Kurz vor Ende der Garzeit die Alufolie entfernen. Den noch heißen Stollen mit flüssiger Butter bestreichen und dick mit Puderzucker bestreuen.
Ergibt 3 Stollen a ca 500 g.
Eine Variante ist Marzipan hinein zu backen.

Kartuffelsalaad

1,5 kg Kartuffels
400 g Fleeschsalaad
500 ml Salaadcreem
eenigen Gewürzgurken
4 – 5 Eier (hartkookt)
1 – 2 Appels (lütt schneden)

Kartuffels koken, afköhln un afpulen. Salaad-
creem un Fleeschsalaad mischen,Gurken,
Appels un de puult lüttschneeden Eier
ünnerröhren. De Kartuffel-schieben ebenfalls
daarto röhren. Villicht noch mit Gurkenessig
afschmecken. Good döörtrecken laten.
To Kartuffelsalaad paaßt Wursten, Kotelett,
Schnitzel. Ok to braden Fisch, Frikadellen aver
ok to Spiegeleier kann man dat good eten.

125

Kartoffelsalat

1,5 kg Kartoffeln
400 g Fleischsalat
500 ml Salatcreme
einige Gewürzgurken
4 – 5 Eier (hartgekocht)
1 – 2 Äpfel (kleingeschnitten)

Kartoffeln kochen, abkühlen und pellen.
Salatcreme und Fleischsalat mischen,
Gewürzgurken, Äpfel und hartgekochte und
gepellte Eier kleingeschnitten unterrühren. Mit
den in Scheiben geschnittenen Kartoffeln
mischen. Evtl noch mit etwas Gurkenessig
abschmecken. Gut durchziehen lassen.
Kartoffelsalat paßt zu Würstchen, Kotelett,
Schnitzel. Auch zu gebratenem Fisch schmeckt
er sehr lecker.

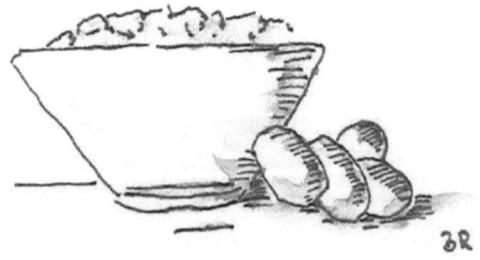

Zur Autorin Helma Gerjets:

Die gebürtige Reepsholterin ist begeisterte Mutter und Oma. Nun wohnt sie in Hesel im Kreis Leer.

Nach dem Tod ihres Mannes hat sie seine Leidenschaft für die plattdeutsche Sprache übernommen und begonnen eigene Geschichten zu schreiben.

Sie veröffentlicht auch regelmäßig plattdeutsche Geschichten im Klosterboten, der Zeitschrift der Dorfgemeinschaft Reepsholt. Ebenfalls erscheinen Berichte und Geschichten in der „Na Sowas", der Monatszeitung in der Samtgemeinde Hesel bei Leer.

Schreiben ist neben dem Kochen ihr großes Hobby.

Martin Feldkamp

Martin Feldkamp, Hesel (Leer);
geboren 1950 in Nortmoor,
daar plattdüütsk upwussen;
Middelschool Augustfehn;
lehrt bi d` Landkreis Leer un daar in Dennsten
west bit 1990,
daarna bi d` Samtgemeente Hesel bit 2011;

siet 2011 Vörsitter van
Oostfreeske Taal i.V. -
Vereen för oostfreeske Spraak un Kultur.

Björn Rippen
Björn Rippen, geboren 1972 in Berlin ,
verbrachte viel Zeit seiner Kindheit auf dem
Bauernhof seiner Großeltern in Marx.
Den Spaß am Zeichnen und Skizzieren fand
er im Zuge seines Architekturstudiums in Berlin.
Mittlerweile lebt und arbeitet er in der
Gemeinde Friedeburg.